The Complete
Conversations With God II（Vol. 1）

與神對話 II 上

尼爾．唐納．沃許——著
孟祥森——譯

〈自序〉一份非比尋常的文獻

這是一份非比尋常的文獻。

它是來自神的訊息，在其中，神對這個星球提出社會、性、教育、政治、經濟和神學各方面的革命性建議，是我們從未見過，甚至極少想過的。

這些建議是順乎這個星球居民自己明言的願望而發的。我們說過，我們想要創造一個讓所有的人都過得更好的生活，提升我們的意識，尋求一個新的世界。不論我們所做的選擇為何，神都不會詛咒我們，但設若我們選擇前面所說的這種，則他願意為我們指路。不過，她仍然不會強迫我們去接受她的建議。現在不會，從來不會，永遠不會。（譯注：作者在用代名詞指神時，有時用男性的「他」，有時用女性的「她」。）

書中的話讓我感到既迷人又騷亂，既具挑戰性，又有提升力。迷人，是因為這些話的深度與廣度令我喘息；騷亂，是因為它們向我顯示了我自己和全人類的面目，而這是非常令人騷亂的。有挑戰性，是因為它們對我們的激勵是前所未有的。它們激勵我，要我比以前更成長，激勵我成為一個新世界的淵源——在此新世界，忿恨、小家子氣的嫉妒、性失調、經濟不平、教育蠢舉、社會不公、政治黑幕、欺詐、權術和權力，都不再在人類經驗中扮演角色。提升，是因為它們認為這一切都是有希望的，可以做到的。

我們真能構築這樣一個社會嗎？神說可以，唯一的條件是我們真的選擇這一條路。

這本書真的是與神的對話。這是跟神對話三部曲中的第二部，而這一項對話已經延續了五年——直至今日仍在進行。

你或許不相信這些資料真的來自神，而我也不需你相信。對我來說，重要的是這資料有沒有價值，有沒有帶來洞見，有沒有喚醒力，有沒有點燃新的欲望，或對我們在地球上的生活能不能推動有效的改革。天知道，有些事情必須改革了，我們再也無法像以前那樣繼續下去。

《與神對話》三部曲始於一九九五年五月第一部的發行。那本書主要是以個人的事務為主；它改變了我的人生，也改變了許多人。它的銷售量非常驚人，而且繼續在上升。當然，那本書的「作者」幾乎是沒人知道的。而這又正使得它那麼讓人好奇，使得它那麼力量強大。

我深感榮幸參與其事，這件事使成千上萬的人又重新記起一些偉大的真理。有那麼多人在書中發現價值，讓我深心高興。

我想告訴各位，一開始我是徹底被嚇到了。我怕別人會以為我瘋了，患了妄想症，也怕他們真的相信那資料是來自神，因而真的去實行。為什麼我會有此懼怕？因為我知道我寫的每個字可能都是錯的。

接著，讀者們的信開始湧到。從世界各地發出的信。於是，我知道了，在內心深處我知道了，書中的話是對的。這正是世界需要聽到的，又來得正是時候！

（當然，只有在我們的相對生存經驗中，才有所謂「正」不正。所以，我知道我的意思是說「正好」——在我們這個星球上，值此時期，正好由誰說和說什麼。）

現在，第二部完成了，我注意到我又害怕起來。這本書討論的是個人較大的生活面，以及含括全球的地球物理學和地球政治學面。由於如此，我怕這部書會包含一般讀者更多不能同意的部分。所以，我害怕。我怕各位不喜歡在書中談到的東西。我怕你認為我把書中的某些部分搞錯了。我怕我捅了螞蜂窩，捲起風暴，興風作浪。也再一次，我怕我寫的每個字都錯了。

當然我理當更為確定，不致有此恐懼。畢竟我不是讀了我的第一部書嗎？好吧，那麼，你明白，這又是我的人性在作祟。你知道，我把這些話傳給大眾，目的不是讓大家鬧翻。我只想誠誠實實把神回答我的話，直截了當的傳送給你。我曾向神許諾我會這樣做——公布這些談話——我不能食言。

當然你也不能毀約。很顯然，你曾允諾要讓你的思想、觀念和信仰不斷的接受挑戰。顯然你是深許自己要不斷的成長。不然你不會拿起這樣一本書來。

所以，我們似乎是攜手並肩的。沒有什麼值得怕的。我們就是我們，因此也做我們所做的，只要我們忠於如此，就沒什麼可怕。現在我看出來，我一直所猜是對的，就是，我們皆為使者：你和我。如果我們不是，則我不會寫這些，你當然也不會看這些。我們都是使者，我們有工作要做。

第一，我們必須確定我們清楚的明白了《與神對話》中的訊息。第二，我們必須把這些訊息納入我們的生活中，以便它可以運作。第三，我們必須把這訊息傳給他人，把真理帶給我們所接觸的每個人——而方式是單純而不虛張的身體力行。

我很高興你選擇與我同行。跟你同行要比不跟你同行容易得多，好玩得多。現在就讓我們一同走過這些書頁吧。有時候會讓你有一點不舒服。這和第一部不一樣。第一部是神的擁抱：大大的、溫暖的環抱著雙肩。第二部，也是神同等的愛，但把肩膀輕輕的搖撼了一下，是叫人覺醒的呼喚，是叫人走向另一層次的挑戰。

你知道的，總是還有另一個層次。你的靈魂——到此是為得取最豐富的經驗，而不是為得取最貧瘠的；是為得取最多，而不是為得取最少——它希望你不要止步。雖然總是由你來做選擇，你的靈魂卻會希望你不至於變得自滿，當然更不要陷於心死。因為你的世界有太多需要改變之處，太多有待你去創造之處。總有新的山岳要爬，總有新的界域要探索，總有新的恐懼要克服。總有更為絢爛的處所，總有更多透徹的觀念，總有更為遼闊的視野。

所以，這部書可能會比第一部更有讓人不自在之處。如果你產生了不自在之感，那麼請跟那不自在相伴相依。當船開始晃動的時候，請緊緊抓住船舷。然後生活在新的範型中。更好的是，透過你的生活與生命之奇妙，幫助創造出一個新的範型來。

目錄 CONTENTS

上冊

下冊

1 我們一起去找神

謝謝你來。謝謝你到這裡。

不錯，你因守約而來。不過，你還是可以不來。你本可以決定不來。不過你卻決定來到這裡，在此約定的時刻，於此約定的地點，以便此書可以交在你的手上。謝謝你。

若你做這一切都是無意識的，甚至並不知你在做什麼，也不知為什麼，則這些事情對你可能是個秘密，因而需要一點點解釋。

我要說：這本書來到你的生活中，正是時候。也許目前你還不明白，但當你經歷了書中所為你儲藏的一切，你就會完全明白。一切事物的發生都正當其時，這本書到達你手上也不例外。

你到這裡來，是為你在尋找的東西，是為你在渴求的東西，渴求已久的東西。你到這裡來，是為了你跟神最近的一次真正的接觸——對你們之中某些人來說，可能是第一次的接觸。

這是接觸，非常真實的接觸。

現在，神要跟你實際談話——透過我。幾年以前，我不會這樣說。現在我這樣說，是因為我已經有過這樣一次對話，因而我知道這樣的事是可能的。不僅可能，而且一直都在進行，正像此時此地還在進行。

重要的是，你要了解，你是使這件事情發生的原因之一，正如此刻這本書之交在你的手上。我們都是發生在我們生活中一切事物的原因之一部分，我們所有的人都跟那一位大創造者（the One Great Greator）是共同創造者，製造了導致那些事情的每一種境遇。

我代表你跟神的第一次談話發生於一九九二年至九三年。那時我寫了一封憤怒的信給神，詢問為什麼我的人生是如此掙扎與失敗。我所有的一切，包括我的浪漫關係、我的志業、我跟孩子的互動、我的健康——總之我的一切——我所經歷的無非是掙扎與失敗。我給神的信要求知道為什麼會如此——而要從事一生的志業又當如何。

讓我吃驚的是，這信竟然得到回答。

這事如何發生、回答為何，成了一本書，於一九九五年五月出版，名為《與神對話I》。這本書中詳談了事情如何發生，回答了我們生活中的許多問題——關於錢，關於愛，關於性，關於神，關於健康與疾病，關於飲食、人與人的關係、正當的工作，和許多我們日常經驗中的事物。

在此時，如果我要請求神給這個世界一個禮物，那便是在第一部中的訊息。一點也不錯，神已經做了（「即使在你們要求之前，我已給了回答」）。

第二部的頭幾段是寫於一九九六年三月，以做為其後的訊息之引言。這些訊息的「來到」，就像在第一部中一樣，是非常簡單的。在紙上我寫上問題——任何問題……通常是來到我腦中的第一個問題——不久答案就在我腦中形成，就如有人在對我耳語。我是在聽寫！

除了頭幾段以外，本書中所有的資料，都是一九九三年春天開始的一年之內寫下的。現在，我很願意把它呈給你，正如它從我而出並給予我一樣……

＊＊＊

這是一九九三年復活節，我依指示來到這裡。我在這裡，手握鉛筆，前置筆記本，準備提筆。

我認為我應告訴你，是神叫我在這裡的。我們訂了約。我們——今天——要開始本書第二部：神與我跟你共同體驗的三部曲中的第二部。

我不知道這部書要談什麼，甚至也不知道我們將觸及什麼話題。這是因為我腦子中沒有這部書的計畫。不可能有。決定本書內容的，不是我，是神。

一九九二年復活節星期日——一年前的今天——神開始與我對話。我知道這聽來唐突，但事實真是如此。不久前，對話結束。我受指示休息一段時間……但神也告訴我，我今天有「約」，要再回來談談。

你也有約。你現在就是在守約。我很清楚這部書不只是為我而寫，也是為你——透過我。顯然你是在尋找神——並尋找由神而來的話——找了很久了。我也如是。

今天，我們將一起去找神。這一向就是找神最好的方法。分開，我們從不能找到神。我這樣說有兩種意義。我是說，只要我們是分開的，就永遠不會找到神。要想發現我們跟神不是分開的，第一步就是要發現我們各自不是分開的，除非我們知道並體現我們全是一體，我們便不能知道和體現我們跟神是一體。

神並非與我們分開，從不曾；我們只是以為我們跟神是分開的。

這是一個常見的錯誤。我們也以為我們是各自分開的。因此，我發現，「發現神」的最快速途徑就是互相發現，不再互相隱藏。當然，也不再對自己隱藏。

最快的不再隱藏之路是講真話。對每個人。任何時間。

從現在開始講真話，永不改變。先開始對自己講關於自己的真話。然後對自己說關於別人的真話。然後對別人說關於你自己的真話。然後對別人說有關他人的真話。最後，對人人說事事的真話。

這是說真話的五個層次。這是自由的五重路。真理（實話）會讓你自由。

這是一本有關真理的書。不是我的真理，而是神的真理。

我們——我跟神的——上一次的對話於一個月前結束。我以為這一次會和上一次的一樣進行。也就是說，我問，神答。因此我想，我們該停了，現在就向神請問。

神——是這樣進行嗎？

是。

我就是這樣想。

不過在本書中不用你問，我自己會提出一些話題。你知道，在第一部中我不大這樣做。

是啊，那你為什麼要加這新花樣？

因為這部書是在我的要求下寫的，我要求你到這裡來，而第一部書則是你自己起頭的一個計畫。

第一部書，你有一個議程。這一部，你卻沒有議程——只是照著我的意願做。

沒錯。

尼爾，這是一個很好的地方。我希望你——和別人——都能常來這個地方。

可是你的意願就是我的意願。既然你的意願和我的意願相同，我怎麼可能不做呢？

這是一個複雜微妙的問題——卻是一個不錯的起步點；真的，是我們談話的一個很好的起步點。

但讓我們先退回幾步。我從沒有說過我的意願就是你的意願。

有啊！你說過。在上一部書中。你清清楚楚對我說過：「你們的意願就是我的意願。」

不錯——但兩者並不相同。

不同？你一定在愚弄我。

當我說「你們的意願就是我的意願」時，它的意思並不和「我的意願就是你們的意願」相同。

如果你們一直都在照我的意願行事，則你們不必再做什麼就可得到開悟。歷程就將結束。你們將已在那裡。

一旦你們只行我的意願而不做其他，就會導致你們開悟。如果你們的人生歲月都在行我的意願，則你們幾乎無需涉入這本書。

所以，很清楚你並沒有行我的意願。事實上，大部分時間你們甚至不知道我的意願。

我不知道？

對。你不知道。

那你為什麼不告訴我那是什麼？

我告訴你了。只是你不聽。或者，你聽而不聞。而當你聞了，又不相信你所見聞的。而當你相信了你所見聞的，你又並未遵從指示。

所以，說我的意願就是你的意願是確定不正確的。

反過來說，你們的意願就是我的意願。第一，因為我知道；第二，因為我接受；第三，因為我贊成；第四，因為我愛；第五，因為它就是我的，我稱它為我的。

這意謂你們有自由意志去做你們想做的事——而我由於無條件的愛，使它成為我的。

如果我的意願要成為你們的意願，你們也必須同樣。

第一，你們得知道它；第二，你們得接受它；第三，你們得贊成它；第四，你們得愛它；最後，你們得稱它為你們的。

在你們人類的整個歷史中，只有很少數的人持續這樣做。另有少數人近乎常常這樣做。許多人做得不少。大批人時而做一做，實際上人人都只偶爾做一做，有些人卻從來不做。

我又屬於哪一類呢？

這有關係嗎？從此刻開始你要屬於哪一類，這豈不才是關鍵問題？

對。

你怎麼回答？

我寧願屬於第一類。我寧願時時刻刻知道並遵行你的意願。

這可慶可賀，卻不太可能。

為什麼？

因為在你能如此之前，還需要許多的成長。不過我告訴你：你能如此的。你能步入神性（Godhood）——就在此刻，只要你選擇。你的成長並不必花那麼多時間。

那麼，為什麼它已經花了那麼多時間？

不錯。為什麼已經花了那麼多？你在等什麼？你不會以為是我拉住你吧？

不。我很清楚是我自己拉住自己。

好。清楚是做好的第一步。

我很想做好。但我怎麼做呢？

繼續讀這部書。這正是我要帶你去的處所。

2

我就是那神燈裡的精靈

我並不確定這本書將要走向何處，也不確定從何開始。

讓我們再花一點時間（take time）。

我們究竟需要花多少時間呢？從上一章到現在，已經花了我五個月的時間。我知道讀這本書的人會以為這一切都是連續不斷寫下的。他們不會想到從第三十二段到第三十三段之間，隔了二十個星期。他們不會明瞭有時候靈感與靈感之間要隔半年，我們到底必須花多少時間？

這不是我的意思。我是說，把「時間」（take "Time"）做為我們第一個話題的開始之處。

哦，好吧。但既然以這為話題，為什麼完成一段有時要花好幾個月呢？為什麼你在兩次來臨之間要隔那麼久呢？

我親愛的好孩子，我在「來臨」之間，隔的時間並不長。我從來就不曾不與你同在，只是你並沒有經常覺察到。

為什麼？為什麼如果你經常在，我卻沒有覺察？

因為你的生活被別的事情纏住了。讓我們面對它吧。你這五個月很忙。

對，我這五個月很忙。一大堆事情在進行。

你讓這些事情比我還重要。

這好像並不是我的實情。

請你看看你的行為。你這段時間被世俗的生活深深纏住了，你很少注意你的靈魂。

那是一段艱困的時期。

沒錯。正因如此，才應把你的靈魂含括在這過程中。過去幾個月，若有我幫助，會平順得多。所以我是否可以建議你不要與我失去接觸？

我試著要靠緊你，可是我似乎失落——或像你所說的，捲入——在我自己的戲裡。再說，我也找不出時間給你。我沒時間靜心。我沒有祈禱，當然我也沒有寫作。

我知道，當你最需要我們的接觸時，你卻走開，這是人生的諷刺。

我該怎麼才能不這樣做呢？

不這樣做就是了。

這是我剛說的。但是要怎樣才行？

你不這樣就不這樣。

沒有這麼簡單。

就這麼簡單。

我倒希望是這樣。

那它就真的會這樣，因為你的希望就是我的命令。要記得，我親愛的，你的欲望就是我的欲望。你的意願就是我的意願。

好吧。好得很。那麼我希望這本書三月份完成。現在是十月了。我希望再也不要有五個月都全無音訊了。

那就會這樣。

好。

除非它不是這樣。

哦，天哪。我們非得玩這個遊戲不行嗎？

不是。但到現在為止，你都是這樣在決定你的生活。你隨時在改變主意。記住，生活是持續的創造過程。你每一分鐘都在創造你的真相。你今天做的決定，往往不是你明天的選擇。然則所有大師們的秘密卻是一直只選同樣的東西。

一而再，再而三的選？一次不夠？

一而再，再而三，一直到你的意願變成你的實況。

有些人要好多年，有些好幾個月，有些好幾個星期。那些近於大師級的人，要幾天、幾小時，甚至幾分鐘。對大師們來說，創造是當下的事。

當你看到意願和經驗之間的距離縮短時，可以說你是走在大師之路上了。

你說「你今天所做的決定，往往不是你明天的選擇」。那又怎樣？你是說我們不應老是改變心意？

你愛怎麼改就怎麼改。但要記得，你每改變心意，都把整個宇宙的方向做了改變。

當你對某件事「下定決心」，你就推動了宇宙。有超乎你理解的力量——其微妙與複雜遠超過你的想像——涉入這個過程，其巧妙的動力是你們現在才剛剛開始了解的。

這些力量與這種過程都是相互作用的能量之超凡網路的一部分，這網路組成存在之全體，你們稱之為生命與生活。

本質上，它們是我。

那麼，當我改變主意，會為你製造困難，是不是？

沒有什麼對我是困難的——但你卻可能把事情弄得對你來說非常困難。所以，對事情要專心一志。在你讓它成為事實前，不要改變心意。要專心，要集中。

這就是心志專一之意。如果你選擇什麼，就用你全副力量、整個心去選擇。不要優柔寡斷。持續不懈！向著它前進。要有決心。

不要用「不」做為答案。

正是。

但若「不」正是確實的答案，又怎麼辦？如果我們所要的，不是我們應當要的——不是為我們好，不符合我們最佳的利益——那又怎麼辦？那你就不會給我們，對不對？

錯。不論你們要求什麼，不論對你們而言是「好」是「壞」，我都會「給」你們。你有沒有看看你近日的生活？

但是我所受的教育卻說，我們不能永遠都得到我們所想要的——凡不是對我們最好的，神就不會給我們。

這是當某些人不希望你因某些特別的後果而失望時告訴你的話。

首先，讓我們再把我們的關係說清楚。我並沒有「給」你們任何東西——是你們召它過來的。在第一部中，我曾把這情況如何發生做了詳細精確的解釋。

其次，我對你們所召來的事物不做審判。我不說一個東西是「好」或是「壞」。你們最好也這樣。

你們是有創造力的生命體——是以神的形象與本質造成的。你們可以得到你們選擇的任何東西，但可能並不能得到一切你們想要的東西。事實上，任何東西如果你們要得太急迫，就不能得到。

我知道。這在第一部中也解釋過了。你說過，「要」這個行為會把那東西推開。

對，你記得為什麼嗎？

因為心念是有創造力的，而要一個東西的心念是對宇宙的一個聲明——一件真相的宣示——宇宙就會在我的實際生活中製造出來。

完全正確！完全正確！你已經學到了。你真的明瞭了。好得很！

對，就是這樣發生的。你說「我要」（I want）某物時，宇宙就認為是「確實」，並給你那經驗——「缺」（wanting）它的經驗！

不管你把什麼放在「我」字的後面，都會變成你具有創造力的命令。神燈裡的精靈——那就是我——之存在只是為了從命。

你召什麼，我製造什麼！你怎麼想、怎麼感覺、怎麼說，就怎麼召！其實就是這麼簡單。

那麼，請再告訴我——為什麼我要花那麼多時間，才把我的選擇創造為事實？

有好幾個原因。因為你不相信你選擇什麼就可以有什麼。因為你不知道選擇什麼。因為你一直在思索什麼對你是「最好」的。因為你事先想要保證你所有的選擇都是「好」的。因為你不斷改變心意。

讓我看看我懂不懂這話的意思。我不應思索什麼是對我最好的嗎？

「最好」是一個相對形容詞，有上百個的變數。這使得選擇變得非常困難。當你做任何決定時，只應有一個考慮——這是不是表明我是誰？這是不是在聲明我選擇我是誰？

整個一生都該是這樣一種聲明。事實上，整個一生就是這一種聲明。你可以讓這種聲明是出於偶然或出於選擇。

由選擇而過一生，是有意識行動（action）的一生；由偶然而過的一生，則是無意識重複（reaction）的一生。

重複就是這樣——是你原先做過的行為。當你「重做」（re-act），你是在評估進來的資料，在你的記憶庫中探索相同或類似的經驗，照你以前做過的去做。這是心智的作用，不是你靈魂的作用。

你的靈魂想要你在它的「記憶」中探索，看看如何能創造出你真正此刻的真實經驗。這乃是你們經常聽說的「靈魂探索」經驗，但要這樣做，你們必須真的「失心」（out of mind）。

當你把時間花在想要思索什麼對你「最好」時，你是在浪費時間。最好是省時間，而不是浪費。

「失心」可以大量節省時間。決定很快就可達成，選擇迅速執行，因為你的靈魂只從現在的經驗來創造，不需回顧、分析與評鑑過去的際遇。

記得這一點：靈魂創造，心智重複。

靈魂以其智慧知道，你此刻所產生的經驗，是神在你對它還沒有任何有意識的覺察之前送給（sent）你的經驗。這乃是「現在」（pre-sent，預先送給）經驗一詞的意義。即使在你正在尋找它時，它就已經上路——甚至在你要求之前，我就已經答應你。每一個此刻都是神的神聖禮物。這乃是何以它被稱之為禮物（present，又指「現在」）。

靈魂直覺的知道去尋求此時所需的恰當境遇，以治癒錯誤的思想，並將你帶到你真正是誰的正確經驗中。

把你帶回到神那裡，乃是靈魂的渴望——把你帶回家，帶給我。

靈魂的意圖是以經驗來認知它自己——因而認知我。因為靈魂知道你跟我是一個——正像心智以思辨否認此一真相，肉體以行為否定這一真相。

因此，在重大決定的時刻，要離開你的心智，而以靈魂之探索來替代。

靈魂明白心智所不能領會之事。

如果你把時間浪費在思索什麼對你「最好」上，你的選擇將小心翼翼，你將永遠無法做出決定，你的旅程將航入種種期望之海中。

如果你不小心，你將淹死在你的種種期望中。

哦！這真是個好答案！但我怎麼聽從我的靈魂呢？我怎麼知道我是在聽呢？

靈魂以感覺（feelings，感情）向你訴說。聆聽你的感覺，遵從你的感覺，尊崇你的感覺。

為什麼我卻似乎正因為尊崇我的感覺，才陷在困難裡呢？

因為你把成長貼上「困難」的標籤，而把停頓貼上「安全」的標籤。

我告訴你：你的感覺絕不會讓你陷入「困難」中，因為你的感覺就是你的真相。

如果你要過一種絕不遵從感覺的生活，處處要把感覺用心智的機械作用過濾掉，那你就去吧。靠心智對處境的分析而做你的決定吧。但別想在這樣的機械作用中得到歡樂，也別想求得你真正是誰的歡慶。

記住：真正的歡慶是無心的（mindless）。

如果你聆聽你的靈魂，你就會知道何者於你「最好」，因為於你最好的，就是於你為真的。

當你只依何者於你的為真而行，你就在道上加速前進。當你以你的「現在真相」為基礎而創造經驗，而不是以「過去真相」為基礎，而反覆某種經驗，你就產生一個「新我」。為什麼創造你所選擇的真相要用那麼多時間？這就是為什麼：因為你沒有去實踐。知曉真相（真理），真相會讓你自由。

然則一旦你知曉了你的真相，不要一直改變主意。這是你的心智在意圖思索何者於你「最好」。停掉它！除去你的心智。回到你的感覺！

這就是「恢復神智」的含意。回到你的感覺，而不是如何思考。你的思想只不過是思想。是心智的構築。是你的心智「虛構的」「捏造的」創造品。可是你的感覺——卻是真實的。感覺是靈魂的語言，而你的靈魂是你的真理（真相）。

好了。這樣的說法連貫嗎？

這是不是意謂我們要表達我們所有的感覺——不管它是多麼負面或多麼有破壞性？

感覺既非負面，也不具破壞性。它們只是真相。如何表達真相才是問題所在。

當你以愛來表達你的真相，很少會有負面和有傷害性的結果產生，而當有此情況發生時，那是因為有人選擇要用負面或有傷害性的方式去經驗它。在這種情況下，你可能沒有任何辦法避免此事發生。

當然，不去表達你的真相也並不恰當。但是大家時時都這樣做，人們是如此懼怕造成或面對可能的不愉快，以致完全掩藏了自己的真相。

要記得：最重要的是如何送出訊息，而非如何接受。

你無法負責別人如何接受你的真相；你只能保證它在送出去的時候好不好。好不好，我指的還不只是清不清楚；我指的是何等愛、何等悲憫、何等明敏、何等勇敢和何等完全。

這裡沒有半真半假的空間，沒有「殘忍的事實」，或甚至「平白的真相」的空間。它只是真相，全部的真相，除了真相以外別無其他。神幫助你如此。

是這「神幫助你」帶來了愛與悲憫的神聖素質——因為，只要你要求我，我一直都會幫助你用這種方式溝通。

所以，沒錯，去表達你所謂的最「負面」的感覺吧，但不要以破壞性的方式。

不去表達（即是推出去）負面的感覺，並不會使負面情緒走開，而會把它們留在裡面。「留在裡面」的負面性會傷害身體，使靈魂背負重擔。

但是，如果另一個人聽到了你對他所有的負面想法，不管你用何等有愛意的態度告訴他，都會影響到你們的關係。

我說，去表達（推出去，清除）你負面的感覺——我並沒有說如何或對誰。

並非所有的負面感覺都需跟引起此負面感覺的人分享。只有當不去表達此感覺會有損於你人格的完整，或造成對方誤以非真相為真相時，才有必要表達。

負面的感覺從來就不是最終的真相，即使在當下它似乎像是你的真相依然。它可以是起於你未痊癒的部分。事實上，一直都是。

這就是為什麼必須把這些負面的東西推出去，釋放出去。只有讓它們出去——推出去，置於你的面前——你才能清楚的看清它們，才能知道你是否真的相信它們。許許多多說出來的話——惡毒的話——只有在說出來之後，才發現它們不是「真的」。許許多多表示出來的感覺——從恐懼到憤怒——只有在表示出來之後，才發現它們不再表示你真正的感覺。

感覺可以是很弔詭的。感覺是靈魂的語言，但你必須確定你傾聽的是你真正的感覺，而不是由你的心智所鑄造出來的假模型。

哦，好吧！現在我連我的感覺也不能信賴了。好得不得了！我原本還以為那是通往真理實相之路呢！我原本還以為那是你教我的呢！

是的。我是這樣教你。但用心聽，因為這比你現在所能了解的還更複雜。有些感覺是真感覺——也就是產自靈魂的感覺；有些感覺是假感覺——這是你的心智所製造的。

換句話說，它們根本不是「感覺」——它們是意念（思想），是偽裝成感覺的意念。

這些意念是起於你以前的經驗和觀察他人的經驗。你看別人拔牙時臉皺成一團，所以你拔牙時也臉皺成一團。你可能根本就沒痛，可是你還是皺臉。你的反應跟真相（事實）沒有任何關係，只跟你如何接受事實有關，而這又是以別人的經驗為基礎，或以你往日的某件事為基礎。

人類最大的挑戰是要在此時此地，不要再捏造什麼！不要對現在時刻（present moment，是在你對它尚未有意念之前「送給」你自己的時刻）製造意念。要在此刻。記住，你把此刻當作禮物，送給你的本我，這時刻涵藏著巨大真相的種子。那是一個你想要記得的真相。然而，當此刻到來，你卻立即開始鑄造關於它的意念。你不在此刻之內，卻站在此刻之外，審判它。於是你重複反應。這是說，你像你以前曾做過的那樣再做。

現在，看看這兩個字：

REACTIVE（重複，反應）

CREATIVE（有創造性）

注意看看，它們是相同的字。只是把C挪動了！當你正確的看事物，你就變得有創造性，而不是重複反應。

這很妙。

嗯，神就是這樣。

但是，你看，我想講的是，當你乾淨的來到當下，而不帶著關於它的原先想法，你就可以創造你現在是誰，而不是反應你曾經是誰。

生命是一個創造歷程，而你卻把它活得像是一個反覆歷程！

但是一個有理性的人，怎麼可能在某件事發生的當下，忽視以前的經驗呢？去思考我們所知有關此事的一切而做回應，這不是正常的嗎？

可能是正常的，卻不是自然的。「正常」意謂通常是那樣做。「自然」卻是當你不想要以「正常」的方式去做時，你會這麼做！

自然和正常不是同一回事。在任何當下的時刻，你可以照通常的做法那樣做，也可以照自然來之的做法做。

我告訴你：沒有任何東西比愛更自然。

如果你以愛而行，你就是自然而行。如果你以懼而行、憤而行、怒而行、恨而行，你可能是正常而行，卻絕不是自然而行。

如果我以往的經驗都對我嘶吼某一「當下」很可能是痛苦的，我如何能夠以愛而行？

不要管你往日的經驗，直接進入當下。要在此刻此地。看看此刻你為創造新的自己有何可做。

記住，這就是你在此所做的。

你以此方式，在此時間，於此地方，來此世界，以知你是誰——並創造你想要的你。

這是一切生命的用意，生命是一個持續進行的、永不終止的再創造過程。你依自己所訂下的一個最高的理念來再創造你自己。

但這豈不像從最高的樓上跳下來，以確認自己會飛嗎？這樣的人忽略了他自己「往日的經驗」和「觀察到的他人經驗」，從樓上跳下來，還一直宣稱「我是神」！這好像並不怎麼聰明。

我卻要告訴你：人曾達到比飛更偉大的結果。人曾治癒疾病。人曾使死者復生。

只有一個人做過。

你以為只有一個人被賦予過這超乎物理宇宙的力量？

只有一個人展示出來過。

不只。是誰分開紅海？

神。

不錯。但是誰呼求神這樣做的？

摩西。

正是。又是誰呼求我要治癒病人，使死者復活？

耶穌。

對。好了，你是否認為摩西和耶穌所曾做的你不能做？

可是他們沒有做！他們求你做！這不是同一回事。

好吧。我們目前就用你的說法。你是否認為你不能要求我做同樣奇蹟的事情？

我認為我可以。

我會答應嗎？

我不知道。

這就是你與摩西不同的地方！這就是把你和耶穌分別的地方！

有許多人相信，如果他們以耶穌之名請求，你就會答應他們。

沒錯，許多人這樣相信。他們相信他們沒有能力，但他們看過（或相信其他看過的人）耶穌的能力，因此就以他的名字來請求。雖然他說過：「為什麼你們驚奇呢？這些事情，和更甚於此的事，你們也可以做。」然則眾人不能相信。許多人到今天仍然不信。

你們統統以為你們沒有價值。所以你們以耶穌之名請求。或以至福童貞瑪利亞，或某某「庇護者聖人」，或太陽神，或東方神靈。你們會以任何別人之名——唯獨不用自己的！

然而我告訴你們——要求，你就會得到。尋找，你就會找到。敲門，門就會為你開。

從高樓跳下，你就會飛。

曾經有人浮在空中。你相信這個嗎？

嗯，我聽說過。

還有人穿牆走過。甚至有人離開他們的身體。

是，是。可是我卻從來沒有看過任何人穿牆走過——我也不去勸任何人去試這種事情。我也不認為我們應該從高樓跳下。這對你的健康可能並不是好事。

那掉下來摔死的人，並不是因為他如果出自正確的存在（Being）狀態而不會飛，而是因為他永遠不可能藉著想要顯示他與你們有分別，而證明他的神性。

請解釋一下。

在高樓上的人，活在一個自欺的世界中。在其中，他想像他自己有別於你們其他的人。以宣稱「我是神」，他以謊言來開始他的證明。他希望使他自己與你們有分別。他希望更大、更有能力。

那是自我（the ego）的一項行為。

自我——是分離的、獨自的——永遠不可能複製或證明那是一體的那個。

那在高樓上的人，由於要證明他是神，卻只證明了他與萬物的分別，而非與萬物一體。因此，他以證明非神性來想要證明神性，因而失敗。

耶穌，卻以證明一體性來證明了神性——不論他看何處和看何人，他都看到一體性和整體性。在此中，他的意識和我的意識為一，而在這種狀態中，不論他召喚什麼，都會在那神聖時刻呈現在他的神聖真相中。

嗯。所以，要行奇蹟，只要「基督意識」就行了！好吧，這當然會讓事情簡單一些……

當然比你想像的更為簡單，有許多人達到了這種意識。許多人曾成為基督，而不僅是拿撒勒的耶穌。

你也可以成為基督。

怎麼做呢？

由尋求，由選擇。但那是你必須每日去做、每分鐘去做的選擇。它必須成為你生活的根本目標。

它本來就是你生活的目標——只是你不知道而已。而即使你知道，即使你記得你存在的精確理由，你似乎也不知道如何從你所在之處到達那裡。

沒錯，就是如此。那麼，我如何可以從我現在所在之處，到我想要去的地方呢？

我再告訴你一次——尋找，你就會發現。敲門，門就會為你開。

我已經「尋找」和「敲門」了三十五年。如果說我已倦於這條路，你應該會原諒我。

也許該說你已「失望」吧，對不對？但事實上，雖然在「試圖」上我給你甲等分數——就是，「努力甲等」——但我卻不能說，也不能同意你所說，你尋找了和敲了三十五年的門。

應該說，你是時斷時續的尋找和敲了三十五年的門——而大部分時間是斷。

過去，當你很年輕的時候，只有當你遇到了困難、當你有所需要的時候，你才來找我。等你又長大一點，又成熟一點，你認識到這可能不是跟神的正確關係，於是試著去創造一些更有意義的東西。即使那時，我也只不過是個時有時無的東西。

更後來，你了解到，跟神的結合只能藉由跟神溝通才能達到，因之你去做某些事、去行某些行為，可以讓溝通達成，但即使那時，你仍是時而從事，而非經常。

你靜思，你行儀式，你在祈禱與頌唱中呼喚我，你召我的靈到你之內，但這也只在適合你的時候，只在你覺得有感應的時候。

再說，即使在這些情況中，你對我的體驗充滿榮光，你生活的百分之九十五仍舊陷在分別的幻象中，體現最終真相的時刻仍舊只是偶爾的星火。

你仍舊認為你的生活就是汽車保養、電話費帳單和人際關係要如何如何等等；你的生活所關注的，仍是你所創造的戲劇，而不是這些戲劇的創造者。

你還沒有學會懂得為什麼你一直在創造你的戲劇，你太忙著演它們了。

你說你了解生活的意義，可是你沒有去實踐你的了解。你說你知道走向與神溝通的路，但你卻沒有上路。你聲稱你在道上，但你沒有舉步。

可是你卻來對我說，你已尋找和敲門了三十五年。

我討厭做你的失望之源，可是……

現在是時候了，你不要再失望於我，而應當開始看清楚你真正是誰。

現在，我告訴你：你想要「受膏為基督」嗎？那就像基督一樣行，每一日每一分鐘皆如此。（你並非不知如何行。他已向你們顯示了途徑。）在所有的情況下都像基督（不是你不能。他已為你們留下指示）。

在這方面，只要你尋求，你不是沒有幫助。我每一天、每一分鐘都在給你引導。我是那寂靜的小聲音，在其中知道轉向何路、走上何途、如何回答、如何行為、說什麼話——只要你真正尋求與我溝通，和我結合為一，就知道去創造什麼樣的實相。

只要聆聽我。

我猜我是不知道應該怎麼做。

哦，瞎說！你現在正在做！只要隨時都這樣做就好。

我不能每天分分秒秒都拿著個黃色活頁本跑來跑去吧！我不可能停下所有的事，開始寫信給你，希望你提供精采的答案吧！

謝謝你。它們確實是精采！而現在又有一個：是的，你可以！

我是說，如果有人告訴你，你可以跟神有直接的溝通——直接的連線，直接的連繫——而你要做的，只是隨時準備紙筆，你願意做嗎？

那當然。

然而你剛剛卻說你不要。或不能。那你到底是怎麼回事？你說的究竟是什麼？什麼是你的實情？

而好消息是，你甚至可以連紙筆都不用。我是一直跟你同在的。我不住在筆上，我住在你裡面。

這是沒錯，可是……我是說，我真的能相信這個嗎？我能嗎？

你當然能。這是我自始就開始要求你們相信的。這也是每一個宗教——包括耶穌——對你們說的。那是中心教旨，那是最終的真相。

我一直與你們同在，甚至直到時間之末。

你相信這個嗎？

是了，現在我相信了。我是說，比以前更甚。

好。那就用我吧。如果紙筆有效（而我必須說，那似乎對你滿有效的），那就帶著紙筆。帶的時間更多一點。如果必要，就天天帶，隨時帶。

貼近我，貼近我！做你能做的，做你必須做的，需做什麼就做什麼。唸《玫瑰經》，親吻石頭，向東方鞠躬，唱讚美詩，搖動擺錘，試試肌肉。

或寫一本書。

做需做的。

你們每一個都有你們各自的結構。你們每一個都以你們自己的方式領會我——創造我。

對你們某些人來說，我是男人。對你們某些人來說，我是女人。對某些人來說，我兩者皆是。對某些人來說，我兩者皆不是。

對你們某些人來說，我是純粹的能。對某些人來說，我是最終的感覺，而這，你們稱之為愛。你們有些人對我是什麼完全沒有概念，你們只知道我存在。

而也就是如此。

我存在。

我是吹拂你頭髮的風。我是溫暖你身體的太陽。我是在你臉上舞蹈的雨水。我是空氣中的花香，我是發散香氣的花朵。我是那負載花香的空氣。

我是你最早的意念之始。我是你最後的意念之終。我是那在你最精采之際迸發的觀念。我是那觀念成真時的光輝。我是那促使你做最有愛意之事的感覺。我是那讓你一再一再渴望此種感覺的部分。

凡能於你有效的，凡能使之發生的——不論是儀式、表演、冥想、思考、歌唱、說話或行動，只要能使你「再接觸」——就去做。

為記得我而做，為重歸於我而做。

3 沒有「時間」，而「你」永遠存在

那麼，回顧一下你告訴我的，我總結為以下幾個重點：

1生命與生活是一個持續進行的創造歷程。
2所有大師們的秘密都是不三心兩意，而是不斷的去選擇同一個事物。
3不要以「不」做為答案。
4我們「召來」我們的所思、所感、所言。
5生命與生活可以是創造過程，也可以是反覆重做過程。
6靈魂創造，而心智重複。
7靈魂懂得心智所不能想像的事。
8不要再思索什麼是「最好的」（你如何可以贏得最多，失去最少，如何得到想要的），而開始跟你覺得你是誰的感覺同行。
9你的感覺是你的真相。於你是真的，就是於你最好的。
10思想（意念）不是感覺，而是你「該」如何感覺的想法。當想法與感覺混為一談，真相就會被遮蔽、消失。

11回到你的感覺，跳脫你的心智，恢復你的神識。

12一旦認知了你的真相（真理），便去實踐。

13負面的感覺根本不是真的感覺，而是你關於某種事物的想法，永遠都是起於你自己和別人以前的經驗。

14以前的經驗不是真相的指標，因為純粹的真相是在此時此地創造，而非重複再做。

15要改變你對任何事物的回應，就置身於現在（pre-sent）時刻——預先送來的時刻，在你對其還未有想法之前就已送給你的時刻……也就是說，要在此時此地，而不是在過去或未來。

16過去與未來只存在於思想中。現在時刻是唯一的實在。留在那裡！

17尋找，你就會找到。

18為跟神、女神、真理保持接觸，需要做什麼就去做。不要終止練習、祈禱、儀式、冥想、打坐、閱讀、寫作——和為了與那萬有（All That Is）保持接觸而「任何於你有效」的事。

如何，這樣可以嗎？

了不起！這樣很好！你掌握到了。那，你能實踐它嗎？

我正在試。

很好。

好。那麼，現在我們可以再把話銜接起來嗎？請告訴我關於時間的事。

只有「現在」，並沒有時間。
這是你聽過的，我可以確定。但是你並不懂。現在你懂了。
除了此時之外，並沒有時間。除了此刻以外，並沒有其他時刻。一切只是「現在」。

那「昨日」與「明天」又怎麼說？

這是你們想像的產物。是你們心智的製品。是最終真相中不存在的東西。
一切曾經發生的事都正在發生，也將永遠發生，現在還在發生。

我不懂。

你不會懂。不全然懂。但你可以開始懂。而開始懂，目前就夠了。
所以……就只是聽吧。

「時間」不是一個連續體。它是相對關係的一個元素，是垂直存在的，而不是水平存在的。

不要把它想像為「由左至右」的東西——一般所謂的時間線，每個個體沿此線從生到死，宇宙由某一定點到某一定點。

「時間」是個「上下」的東西！把它想像為一個紡錘，代表永恆的現在。

現在再想像紡錘上有一疊紙，一張在另一張之上，這些便是時間單元。每一單元都截然畫分，然則都同時存在。紡錘上所有的紙同時存在！不論將有多少，不論已有多少……

只有一刻——即是此刻——永恆的此刻。

正是現在，一切正在發生——而我得榮耀。神的榮耀是沒有等待的。我使它如此，只因為我不能等！我是如此快樂於做那我是誰，以至於我不能等待，就要在我的真相中使之顯現。所以，砰，它就在了——於此時，於此地——全都在了！

這個情況並無開始，也無終止。它——一切的一切——只是在。

你們的經驗和你們最大的秘密，就存於這在（Isness）的範圍裡。在你們的意識中，你們可以在此「在」之內，選擇去任何「時間」或「地點」。

你是說我可以時間旅行？

沒錯——你們許多人做過。事實上，你們每個人都做過——你們常常做，通常是在你們所謂的夢境中。你們大部分人只是沒有覺察，你們不可能覺察。但那能量像膠水一樣黏著你們，有時候，有足夠的殘餘，以致有些人——對此能量敏感的人——可以撿起一些你的「過去」或「未來」的事。他們感覺到或「讀到」這些殘餘，而你們稱他們為「先知」（seers）和「通靈者」（psychics）。有時這些殘餘的能量會大到連你自己也覺察到，在你受限制的意識中，覺察到你「以前曾經來過」；你整個人會突然震驚的發現「這些你以前都做過」！

「恍然若有所覺」！

沒錯。或有時候你遇到某些人，你會有一輩子都認識他們的奇妙感覺——永遠都認識他們。

這是一種奇特的感覺，奇妙的感覺。這是真實的感覺。你們確實永遠的認識這個靈魂。永恆之為物，即是現在！

所以，你會常常從你在紡錘上的「那片紙」上向上望或往下望，而看到了所有的紙片！你在那裡也看到了你自己——因為在每片紙上都有你的一部分！

這怎麼可能？

我告訴你：你一直存在，現在存在，永遠存在。從沒有一個時間是你不存在的——也從沒有這樣的時間。

等等！那老靈魂的觀念又是什麼呢？有些靈魂會比別的靈魂「老」嗎？

沒有任何東西比別的東西「更老」。我同時創造了一切，而一切皆現在存在。

你所說的「老」或「年輕」，跟某一靈魂的覺醒程度有關。你們每一個都是「萬有」的一個「層面」，是那本是的一個部分。每一部分都兼具著全體的意識，每一個分子都帶著這個印記。

覺醒是此一意識被喚醒，萬有的各個層面覺察到其本身。實實在在說，那真的是自我意識——意識到自己。

然後，漸漸的，它意識到所有別人，然後，意識到沒有別人這一事實——一切都是同一個。

然後，最終，是意識到我。輝煌燦爛的我！

好傢伙！你真的是喜歡你，是不是？

難道你……

是，是，我認為你很了不起！

我接受。而我也認為你了不起！這是我與你唯一意見不同的地方。你不認為你了不起！

當我看到我自己有這麼多缺點，犯這麼多錯誤、這麼多罪惡時，我怎麼可能認為自己了不起呢？

我告訴你：沒有罪惡！

我希望這是真的。

你是完美的。正如你是你。

我也希望這是真的。

是真的！樹是小樹苗時並不比是大樹時不完美。一個小嬰兒並不比成人不完美。它即是完美的本身。它什麼都不會做，什麼都不知道，卻並不因此使它更不完美。

小孩會做錯事。她站。她歪歪斜斜。她跌倒。她再站起來，有點搖晃，抱住媽媽的腿。這讓孩子不完美嗎？

我告訴你，正好相反！孩子是完美的本身，全然可讚可嘆。

你也是如此。

可是小孩沒有做任何錯事！小孩並沒有故意不服從，傷害別人，或傷害自己。

小孩並不知道什麼是對，什麼是錯。

正是。

你也一樣。

可是我知道。我知道殺人是錯，愛他們是對。我知道傷害人是錯，治癒人，使事情好一些，是對。我知道拿取非我之物是錯，利用他人是錯，不誠實是錯。

有些例子中，這些「錯」都變成了「對」。

你現在是在戲弄我。

一點也不。只是就事論事。

如果你是說任何規則都有例外，我就同意。

如果有例外，那就非規則。

你是在告訴我殺人、傷害人、拿取他人財物沒有錯？

這要看你想要做什麼。

好吧，好吧。我懂了。但這卻並不能使這些行為是好的。有時候，人為了達成一個好的目的，必須去做壞的事情。

因此就使它們根本不是「壞事」，對不對？它們只是達成目的的手段。

你不是在說目的能讓手段正當吧？

那你認為呢？

不對，絕對不對。

那就這樣吧。

你明白你現在在做什麼嗎？你是一邊走一邊在訂規章。

你還看見別的了嗎？而這好得很啊！

你們本來就應該這樣做！

生活的一切都是決定你是誰的過程，並加以體驗。

隨著視野的擴充，你們立下新的規章，可以涵蓋舊的！隨著你們對於你們的本我在觀念上擴充，你們便創造出新的可與不可，新的是與非，以包括舊的。這些界限「納入」了原先不能納入的一些東西。

你不能把「你」納入，因為你像宇宙一樣沒有邊界。然則你可以用想像的方式為你無界限的本我，創造出界限概念來，並接受此界限。

就某種意義說，這是唯一可以讓你把自己當作某種特定事物來認知的辦法。

但無界的就是無界的。無限的就是無限的。它不可能在任何一個地方，因為它處處都在。如果它處處都在，它就不在任何一處。

神處處都在。因此，神不在任何一處，因為如果要在任何一處，神就不能在別處——而於神這是不可能的。

於神，只有一件事是「不可能」的，那就是不是神。神不能「不是」。神也不能不像它自己。神不能把它自己「非神」。

我處處皆在，全然就是如此。而由於我處處皆在，我不在任何一處。而設若我不在任何一處（NOWHERE），那我在哪裡？

現在在此（NOW HERE）。

我喜歡！你在第一部中說過了，但是我喜歡聽。所以，我讓你講下去。

多謝！你現在比較了解了嗎？你看出你們創造「對」與「錯」的觀念，僅是為界定你是誰了嗎？

你看出，如果沒有這些界定——界限——你什麼都不是了嗎？

你看出，像我一樣，隨著你改變你是誰的觀念，你一直在改變界限嗎？

嗯，我懂你說的，但我似乎並沒有把界限——我個人的界限——做多大的改變。對我來說，殺永遠是不對的，偷永遠不對，傷害別人也永遠不對。我們用以管理自己的那些最主要概念，是自始以來就定位了的，而大部分人都同意。

那你們為什麼有戰爭？

因為總是有人破壞規矩。每個籃子裡都有爛蘋果。

我下面的幾段話，要告訴你們的可能是某些人極難領會和接受的。它會違背你們現在的思想系統中許多視為真理的東西。然而，若希望這番對話於你們有益，我就不能再讓你們按照你們的構想過下去。所以，現在，在這第二部中，我們必須直接面對這些觀念，但要有一陣子顛簸。你準備好了嗎？

我認為可以了。謝謝你預先警告。你要告訴我的，究竟有什麼地方那麼戲劇化或難以了解的？

我要告訴你的是：沒有「爛蘋果」。只是有些人對事情的看法跟你不同，有些人構想不同的世界模式。我要告訴你的是：就以其世界模型而言，沒有任何人做不得當的事。

那麼，是他們的「模式」亂七八糟。我知道何為對，何為錯，而別人不知道；但不能因為我知道，所以是我在發瘋。發瘋的是他們！

我要抱歉的說，這正是戰爭的起因。

我知道，我知道。我是故意這樣說的。我只是把那麼多人在說的話，為他們重複一遍而已。可是我要怎麼回答這樣說的人呢？我能說什麼？

你可以告訴大家，「對」與「錯」的觀念一直在改變：從這個文化到那個文化，從這個時期到那個時期，從這個宗教到那個宗教，從這個地方到那個地方……甚至從這個家庭到那個家庭，從這個人到那個人。你可以告訴他們，某一時代許多人認為「對」的事——比如，把被認為行巫術的人綁在柱子上燒死——今天卻被人認為是「錯」的。

你可以告訴他們，「對」與「錯」的定義不僅因時代而變，也因地方而不同。你可以讓他們注意到，在你們的星球上某一處不合法之事（比如娼妓），在幾里之外的另一地方卻是合法的。也告訴他們，一個人是否被人認為做「錯」，跟他實際所做沒有關係，而是要看他在哪裡做。

現在我要重複一些我在第一部中所說的話，而我知道對某些人來說，是非常非常難以領會的。

希特勒到天國去了。

我不確定大家有沒有準備好聽這個。

這本書的目的，我們創造三部曲每一部的目的，都是為了做準備——為新的範型、為新的領會做準備；為更廣闊的視野、更恢宏的觀念做準備。

好吧。我現在要問的問題是，我知道有許多人都在想、都要問的問題。像希特勒這樣一個人，怎麼可能已經到天國去了呢？世界上所有的宗教……我認為所有的宗教，都宣稱他已被咒詛，直下地獄了。

首先要說的是，他不可能下地獄，因為根本沒有地獄。因此，他唯一能去的只有一個地方。但這不是重點。真正的重點是希特勒的行為是否為「錯」。然而我已一再說明，在宇宙中，並沒有「對」或「錯」。一件事情就其本身而言，既不是對也不是錯。它只不過是那件事情。

你們認為希特勒是魔鬼，是因為他下令屠殺千百萬人，是不是？

當然。

但設若我告訴你，你們所謂的「死」，實際上是任何人所能經歷到最棒的事——那又怎麼樣呢？

我認為這很難讓人接受。

你認為這地球上的生活比在天國的生活好？我告訴你，在你死的那一刻，你將領會到你從未領會到的最大的自由、最大的和平、最大的喜悅和最大的愛。這樣，我們應該因為狐狸兄弟把兔子兄弟丟到荊棘中而懲罰他嗎？

你忽略了一個事實：不管死後的生活多麼奇妙，我們在此世的生活都不應在違背自己意願的情況下被人結束。我們來此是為達成某些事情，去經歷某些事情，去學習某些事情。我們的生命被某些存著瘋狂念頭的瘋狂匪盜斬斷是不對的。

首先，你們到這裡來，不是為學習任何事情的。請重讀第一部書！生活不是學校，而你們在此的目的不是學習，而是回憶。至於你更重要的那一點嘛，生命其實常被許多事情「斬斷」，例如颱風、地震……

那不一樣。你說的這些是神的作為。

每一件事都是神的作為。

你能想像有任何一件事情是我不要它發生、而它能發生嗎？你認為如果我不讓你的小拇指動，你能讓它動得了嗎？任何事情如果我反對，你都不能做。

不過還是讓我們來探討這「錯」死的觀念吧。生命被疾病斬斷是「錯」的嗎？

「錯」這個字不能用在這裡。那是自然原因。那和希特勒這類人的屠殺是不一樣的。

那麼，意外呢？愚蠢的意外呢？

同樣。那是不幸，是悲劇，但那是神的意願。我們無法窺見神的心意，無法發現為什麼這種事情會發生。我們也不應去試探，因為神意是不可改變的，是不可思議的。要去解開神聖的秘密，乃是渴望著超乎人類權限的知識，那是有罪的。

你怎麼知道？

因為如果神想要叫我們明白這一切，我們就會明白了。事實是我們不明白——這便是證據，證明神意是要我們不明白。

我明白了。你們之所以不明白，就證明那是神意。而事情發生了，卻又不證明是神意。

我想我並不是很會解釋，不過我所相信的是什麼，我自己知道。

你相信神意，相信神是全能的嗎？

相信。

但跟希特勒有關的事例外。那裡發生的事不是神的意志。

對。

怎麼可能這樣呢？

希特勒違背了神的意志。

如果我的意志是全能的，你認為那怎麼會可能呢？

你允許他去做。

如果我允許他去做，那麼我的意願就是他應該那樣做。

好像是如此……但你究竟是出於什麼理由呢？對。你的意願是他要有自由選擇。他做了他做的，是出於他的意願。

很近了。很接近了。

當然，你是對的。我的意願是希特勒——和你們每一個人——都有自由選擇。但如果你們沒有做我要你們做的選擇，我的意願卻不是無止境的懲罰你們。如果那是我的意願，則我要你們做的選擇又如何「自由」呢？如果你們知道你們沒做我想叫你們做的事，你們將遭受無可言說的痛苦，那你們還真的是自由的去做你們要做的事嗎？那種選擇又是什麼選擇呢？

那不是懲罰的問題。那只是自然法則。純粹是因果的問題。

我明白你受過良好的神學訓練，讓你一方面認為我是一個復仇的神，一方面卻又不需我為此負責。

但又是誰定下這些自然法則呢？若說我們可以同意必然是我訂下的自然法則，則我又為什麼給你們能力去破壞它們呢？

若我不想要你們被這些法則侵害——若我的意願是我這些奇妙的造物永不當受苦——則為什麼我會創造你們可能受苦的可能性呢？

再者，我為什麼又日日夜夜誘惑你們，要你們去破壞我定下的法則呢？

不是你誘惑我們。是魔鬼。

又來啦，又是為我推卸責任。

你沒有看出來嗎？唯一能使你的神學合理的方式，就是使我無能。你知道唯一讓你的構想顯得合理的，就是讓我的顯得不合理嗎？

「神創造了一個生命，而其行為卻是他所不能控制的。」這個觀念真的讓你舒服嗎？

我並沒有說你不能控制魔鬼。你一切都可控制。你是神！那只是你選擇不要。你允許魔鬼來誘惑我們，試圖贏取我們的靈魂。

但為什麼呢？如果不是我不要你們回歸我，我為什麼要做這種事呢？

因為你要我們出於選擇走向你，而不是因為別無選擇。你設置了天堂地獄，因為如此可有選擇。如此我們可以出於選擇而作為，而非由於因別無他途而遵循一途。

我可以明白你怎麼會產生這個想法了。因為我在你們的世界做了如此設置，所以你們以為我的世界也必然如此。

在你們的現實中，沒有壞就不可能有好。所以你們以為在我的世界中也必然如此。然而我告訴你們：在我所在之處，並沒有「壞」。那裡沒有惡。那裡只有整體的一切，一體的萬有，以及對此一體之覺醒、覺察與體驗。

我的界域是絕對的界域；在那裡，一事一物並不依與另一事物的相對關係而存在，而是獨立於任何其他事物的。

我的界域是這樣一個地方：在那裡，一切所有皆是愛。

我們在地球上的任何所思、所言、所行，都不會有後果嗎？

哦，當然有後果。看看周遭。

我是說死後。

並沒有「死」。生命永遠永遠繼續下去。生命存在，生命即是（Life is）。你只是改變形象。

好吧，照你所說——在我們「改變了形象」以後？

在你們改變形象以後，後果就不再存在。唯有知。

後果，是相對關係的一個元素。在絕對中，它們沒有地位。因為它們依存於線性「時間」和相續的事件。這些在絕對的界域中是不存在的。

在那個界域中，唯有和平、喜悅與愛。

在那個界域中，你們終於知道了那好消息：你們的「魔鬼」是不存在的，你們是你們一向以為的那樣——善與愛。使你們之所以以為自己是別的，是由於那瘋狂的外在世界，使你們行為瘋狂。那是一個審判與咒詛的外在世界。別人審判你們，你們由別人的審判來審判自己。

現在，你們要神來審判你們，我卻不會這樣做。

而由於你們不能了解一個所作所為跟人類不一樣的神，你們便迷失了。

你們的神學便是為了重新找回你們自己。

你說我們的神學是瘋狂的——但神學若沒有報償與懲罰的體制，它怎麼能運作呢？

一切都依你們認為人生的目的為何而定，神學的基礎也是如此。

如果你們認為生命是一場測試，是一種考驗，是一段使你加緊腳步以看你「值不值得」的時期，你們的神學就會看來合理。

如果你們認為生命是一個機會，一個歷程，讓你們發現——回憶——你們是有價值的（而一向就是如此），那麼你們的神學就似乎瘋狂。

如果你們認為神是一個心中只有自己的神，會要求注意、稱讚、愛慕，而且為了得到這些東西不惜殺人，則你們的神學就開始有凝聚力。

如果你們認為神沒有自我或需求，而卻是一切之本源，是一切智慧與愛之所在，那你們的神學就會崩潰。

如果你們認為神是復仇之神，於愛方面嫉妒，生氣時暴怒，則你們的神學就很完善。

如果你們認為神是和平的神，在她的愛中欣歡，在她的狂喜中熱情，則你們的神學就無用。

我告訴你們：生活的目的不是為了取悅神。生活的目的是去認知、去重新創造你是誰。這樣做，你們就取悅了神，並榮耀了她。

為什麼你老是說「她」（Her）？你是她（She）嗎？

我既不是「他」，也不是「她」。我有時用女性代名詞，是為了讓你們擺脫父權思考法。如果你們認為神是某一種東西，你們就不會認為它是另一種。而這卻是大錯。

希特勒去天國是因以下幾種理由：

沒有地獄，所以他沒有別處可去。

他的作為是你們所稱之為錯誤的作為——一個未開化的生命的作為——而錯誤並不是可用咒詛來懲罰的，而是由提供改正的機會、提供進化的機會來改正的。

希特勒的錯誤並未傷害那些被他害死的人。那些靈魂是從他們世間的束縛中被釋放出來，如蝴蝶之脫繭而出。

那些當下的人之所以哀傷這些死難，只因為他們不知道那些靈魂進入何等的喜悅狀態。凡是經歷過死亡的人，就絕不會再為任何人的死亡悲傷。

你剛剛說，他們死得不是時候，因此是「錯」的，表示宇宙間有些事情發生得不得其時。但就從我是誰和我是什麼來講，那是不可能的。

宇宙間所發生的一切，都發生得恰如其分（perfectly）。神已經很久很久沒有做過錯事了。

當你看出事事物物的徹底完美（perfect）時，你就成熟了——不僅在你同意的事物上，而且——尤其是——在你不同意的事物上看出完美。

這個當然我都知道。這些我們在第一部中都討論過。但對那些沒有讀過第一部的人，我想在本書的前段部分應該有一些基本了解。這是為什麼我在此提出這些問題，並請你作答的原因。但現在，在我們繼續下去以前，我還要提一提我們人類所創造出來的一些非常複雜的神學觀。比如，我從小就被教導說我是一個罪人，所有的人類也都是罪人，這是我們無可奈何的事，我們生而如此。我們是生於罪惡。

有趣得很。別人怎麼能讓你這樣相信呢？

他們告訴我們亞當和夏娃的故事。在教義問答第四、第五和第六級的時候，他們告訴我們，我們自己可能沒有犯罪，嬰兒當然一定沒有犯罪——可是亞當和夏娃卻犯了罪——而我們是他們的後代，繼承了他們的罪過，也繼承了他們罪惡的天性。

你知道，亞當和夏娃吃了禁果——分得了善與惡的知識——因而他們所有的後代都被判決一生下來就與神隔離。我們所有的人一生下來，就在靈魂中攜帶著這種「原罪」。我們每個人都有份。因此，我猜，我們每個人都被賦予了自由選擇，看我們是不是會做亞當夏娃做的那檔事，不服從神，或可克服我們的天生的、遺傳的「做壞事」傾向，而做正確的事情——不管世間有何等誘惑。

如果你們做「壞」事呢？

那你就把我們送到地獄。

確實。

對。除非我們懺悔。

我懂了。

如果我們說對不起，做一次完美的懺悔，你就救我們脫離地獄——但不是免於所有的痛苦。我們仍必須去煉獄待一段時間，來洗淨我們的罪。

你們必須在「煉獄」裡待多久呢？

看情況。我必須把罪惡燒淨。我可以告訴你，這並不是很愉快的事。我們的罪越多，燒的時間越久，待的時間也越長。他們就是這樣告訴我的。

我明白。

但至少我們不用下地獄，而地獄是永遠的。可是，如果我們死於大罪，我們就直下地獄。

大罪？

這跟小罪相對。如果我們靈魂帶著小罪（譯注：天主教中的大罪是指不可饒恕的、要入地獄的罪；小罪則是可用祈禱等贖的罪。）而死，我們只下煉獄就可以了。大罪卻直接被送往地獄。

你可以舉例說明這些別人告訴你的種種罪狀嗎？

當然可以，大罪是重罪。例如神學上的重罪、刑法上的重罪——諸如謀殺、強暴；小罪則是較輕的罪。例如星期天不進教堂，或者，如在過去，星期五吃肉。

等等！如果你們星期五吃肉，你們的這個神就把你們送往煉獄？

對。但現在已經不了。從六〇年代早期就不了。但在六〇年代早期以前，如果我們星期五吃肉，那我們就倒楣了。

真的？

絕對。

好吧。那麼，六〇年代早期究竟發生了什麼事，使這個「罪惡」不再是罪惡？

教皇說它不再是罪惡了。

我了解了。而你們的這個神——他強迫你們崇拜他，每個星期天去教堂？不去就懲罰？不望彌撒是罪。不懺悔——如果死時靈魂上還背負著這罪——你就必須去煉獄。

那小孩呢？那完全不知道神的愛是以這些「規矩」為條件的無辜小孩呢？

嗯，如果小孩在受洗之前就死掉，就會到「林泊」去。

去什麼地方？

林泊（Limbo，地獄的邊緣）。那不是一個受懲罰的地方，但也不是天國。那是……好吧……林泊。你不會與神同在，但至少不用「去見鬼」。

但那美麗、無辜的小孩為什麼不能與神同在？那小孩沒有做錯任何事……

沒錯。但那小孩沒有受洗。小孩或任何人不論多麼無瑕、多麼無辜，都必須受洗才能進天國。不然，神就不接受他們。所以，孩子生下來就要趕快受洗。

誰告訴你們這些的？

神。透過教會。

哪個教會？

當然是神聖羅馬天王教。這是神的唯一教會。事實上，如果你是天主教徒，而你卻不巧進了別的教堂，那也是罪。

我認為不進教堂是罪？

對。去錯的教堂也是罪。

什麼是錯的教堂？

凡不是羅馬天主教的教堂。你不能在錯的教堂受洗，不能在錯的教堂結婚——你甚至不能進錯教堂。這是我親自的經驗。因為年輕時我跟父母參加一次朋友的婚禮——我其實是被他們要求做招待員——但修女們告訴我，我不應接受這邀請，因為那婚禮在錯的教堂舉行。

你聽了嗎？

聽那修女們？沒有。因為我想，神——就是你——會願意在每個教堂出現，就像在我的教堂一樣。所以，我去了。我穿著小禮服站在聖殿裡，覺得很好。

很好。好，讓我們看看：我們有天國，我們有地獄，我們有煉獄，我們有林泊，我們有大罪，我們有小罪。還有別的嗎？

嗯，還有堅信禮、聖餐和告解，還有驅魔和終敷（臨終塗油禮），還有——

說下去。

還有守護聖徒和神聖奉獻日——

每一天都是神聖日。每一分鐘都是神聖的，現在，此刻，就是神聖時刻。

好吧。不過，某些日子真的是神聖日——神聖奉獻日——這種日子我們也必須進教堂。

又是「必須」。如果你不，又怎麼樣？

那就是犯罪。

所以就下了地獄。

好吧。如果你的靈魂帶罪而死，你就去煉獄。這就是為什麼要告解才好，真的，越多越好。有些人每週去，有些人每天去。這樣讓他們可以一筆勾銷往事，在死的時候保持乾淨……

嗯——這是時時活在恐懼中。

沒錯，你知道，這就是宗教的目的——把對神的恐懼加在我們身上。這樣我們就可以行為正當，抗拒誘惑。

嗯——嗯。好吧，但如果你們在兩次告解之間犯了「罪」，而發生意外死掉了，那怎麼辦？

沒關係。別怕。只要做完美的懺悔就好。「哦，我的神，我非常非常抱歉冒犯了你……」

好啦，好啦，夠了。

等等。這還只是世界上的一個宗教。你不想看看別的嗎？

不用，我了解了。

好吧，我希望世人不要以為我只是在嘲弄他們的信仰。

你誰也沒有嘲弄，只是照實說而已，這正像美國故總統杜魯門曾說過的話一樣。民眾叫道：「杜魯門，讓他們下地獄！」杜魯門說：「我並沒有叫他們下地獄。我只是直接引用他們的話，而那就是覺得像地獄了。」

4 希特勒到天國去了

乖乖，我們真的離題了。我們從討論時間開始，最後卻講到組織化的宗教。

沒錯，跟神談話就是會變成這個樣子。很難把談話內容局限在某一個地方。

讓我把你在第三章中的重點總結一下：

1 除了這個時間以外，沒有別的時間，除了此刻以外，沒有別的時刻。
2 時間不是一個連續體。那是一種相對論的看法。時間是以「上下」的範型而存在，許多「時刻」和許多「事件」是互相交疊的，是在同一個「時間」發生。
3 在這「時間——無時間——一切時間」的界域裡，我們不斷的在諸種真相中旅行——通常是在夢中。「恍然若有所覺」乃是我們覺察此種情況的方式之一。
4 從來就沒有我們「不存在」的時間——也永遠不會有。
5 靈魂的「年齡」這個概念，實際上是跟覺醒的程度有關，而非與「時間」的長度有關。

6沒有罪惡或邪惡。
7我們是完美的，正如我們就是我們。
8「錯」是由心智的概念化產生，出自相對性的經驗。
9我們是一邊走一邊製造規章，改變它們，以適合我們現在的真相，而這又完全是對的。若我們要做進化中的生命，則本應如此，必須如此。
10希特勒到天國去了！
11一切事物的發生都是神的意願——一切事物。這不僅包括颱風、龍捲風和地震，也包括希特勒。要懂得這些，秘鑰在知曉一切事件背後的目的或用意。
12死後沒有「懲罰」，一切後果只存在於相對經驗中，而不存在於絕對界域。
13人類的神學是人類為了想要解釋一個瘋狂而不存在的神所做的瘋狂嘗試。
14人類的神學唯一可以合理之途，是我們得去接受一個完全不合理的神。

怎麼樣？又是一個很好的總結嗎？

太棒了！

好。我現在有一百萬個問題。比如，第10和11則，請你再釐清一次。為什麼希特勒會去天國？我知道你剛剛試圖解釋過，但我就是需要更深入了解。而這些事件背後究竟有什麼目的呢？而這更大的目的，又如何跟希特勒和其他暴君有關呢？

讓我們先說目的。

所有的事件，所有的經驗，都以創造機會為目的。事件與經驗就是機會。既不多，也不少。

認為它們是「魔鬼的產品」「神的懲罰」「上天的報償」，或任何這類的東西，都是不對的。它們只是事件與經驗——發生的事。

是我們認為它們如何，為它們做了什麼，對它們產生什麼反應，而給了它們意義。

事件與經驗都是被拉向你的機會——被你個人或群體，透過意識所創造。意識創造經驗。你們在試圖提升你們的意識。你們把這些經驗拉向你們，以便可以把它們用作工具，以創造和體驗你們是誰。你們是誰的那個存在體，比你們現在所展示的這個存在體的意識要更高。

由於我的意願是讓你們知道和體驗你們是誰，我乃允許你們把你們所選擇去創造的任何事件或經驗拉向你們，以便這樣做。

這宇宙遊戲的其他遊戲者也時時會加入你們的行列——有時是短暫相遇，有時做臨時參與者，有時做短期夥伴，有時做長期互動者、親戚、家人，珍愛的人或生命之道的伴侶。

這些靈魂是被你們拉向你們。你們也被他們拉向他們。那是一種相互創造性的經驗，表示雙方的選擇與渴望。

沒有一個到你身邊來的人是偶然的。

沒有偶然這個東西。

沒有什麼事是隨便發生的。

生命（生活）不是偶然的產物。

事件，和人一樣，是被你拉向你，為的是自己的目的。大型的全球經驗和發展是群體意識的結果，它們是你們群體的整體之選擇與欲望的結果。

你用「你們群體」一詞是什麼意義？

群體意識是一個並沒有被人廣泛了解的東西，然而它的力量卻極為強大，如果你們不當心，則往往會超過個人意識。因此，如果你們希望，你們在地球上的生活經驗得以和諧，你們就必須不論做什麼或去何處，都要致力於創造群體意識。

如果你現在處在一個群體中，此群體的意識又不能反映你的意識，而你在此時又還不能有效的改變這群體意識，則離開此群體乃是明智之舉，不然它會帶著你走。它會走向它要走向的地方，而不管你要不要去。

如果你找不到一個群體其意識跟你的相配，則去做一個群體的起源。其他有相似意識的人會被你吸引。

為了你們的星球有長遠而重大的改變，個人和小群體必須去影響大群體——到最後，是去影響最大的群體，即全人類。

你們的世界和處境，是所有在這裡生活的人全部意識的反映。

正如你在周遭所看到的，有許多工作仍須待做——除非你們滿足於現在的世界。

令人吃驚的是，大部分人滿足於此。這就是為什麼世界不改變。這個世界所推崇的是分別，而不是相同；意見的不一致是由衝突與戰爭來解決——而大部分人卻滿足於此。

這個世界是適者生存，「強權即真理」，競爭在所必須，而勝利是至高的善——大部分人卻滿足於這樣的世界。

如果這樣的體制也製造了「失落者」——失敗者，那就讓它製造吧——只要你自己不在其中就好。

即使這樣一個模式，使被人認為「錯」的人常遭屠殺，「失敗者」飢餓而無家可歸，不「強」的人遭壓迫和剝削，大部分人還是滿足於此。

大部分人認為跟他們自己不同的，就是「錯」的。宗教上的不同，特別不被容忍；社會、經濟或文化方面的許多不同，也是如此。

上層階級對下層階級剝削，卻自鳴得意的美其名曰改善了犧牲者的生活，說他們比被剝削之前過得更好。上層階級以這種方式忽視了真正的公正——就是所有的人應當如何被對待——而不僅是使可怕的處境變好一點點，卻從中獲取骯髒的利益。

聽到任何有別於目前體制的體制，大部分人都會嘲笑，說競爭、屠殺，與「勝利者分贓」這類行為，是使文明之所以偉大之處，大部分人甚至認為沒有別的自然之路可行，認為這樣做是人類的天性，認為以別的方式作為，會殺掉驅使人成功的內在精神。（沒有人問「成功什麼」？）

真正啟蒙過的人，固然難於了解你們這套哲學，可是你們星球上大部分的人卻深信不疑。

這就是為什麼大部分人不在乎受苦的大眾、被壓迫的少數民族、憤怒的下屬階級，或自身及親人以外任何別人的生存必需條件。

大部分人並沒有看出，他們是在毀滅地球——那賦予他們生命的星球——因為他們的行為只求自己富裕。令人吃驚的是，他們目光短淺到不能看出短期的所得會造成長期的損失，而這本是經常發生的——也會再度發生。

大部分人會害怕群體意識這個概念，這個概念類似於集體利益（群體的善）、單一世界觀或跟萬物一體的神，而不是與之有分別的神。

凡是能導致合一的事物，你們就害怕，而凡是那有分別之作用的，你們就加以推崇，這造成了分歧與不和諧——然則你們似乎連從經驗中學習的能力都不具備，繼續你們的行徑，造成同樣的結果。

不能像自己的痛苦般體驗別人的痛苦，是使痛苦繼續下去的原因。

分別使人冷漠，使人產生虛假的優越感。合一產生悲憫與同情，產生真誠的平等。

在你們星球上所發生的事情——一成不變已經三千年——我已說過，是你們群體——就是你們星球上整個的人群——的集體意識之反映。

這一種層次的意識，最好的形容詞就是「原始」。

嗯，沒錯。不過，我們好像又離開了原來的問題。

其實沒有。你問希特勒的事。希特勒經驗之所以可能，是由於群體意識所產生。許多人說希特勒操縱了群體——也就是他的國人——用的方法是他的狡詐和滔滔善辯。但這種說法卻是一種方便說法，把一切罪責都推到希特勒身上——這不是人民大眾所要的方式。

但如果不是數以百萬計的民眾支持他，跟他合作，寧願屈服，則希特勒什麼也不能做。自稱為日耳曼人的這一小群，必須為大屠殺負起重大的責任。同樣，這稱之為人類的大群，也必須負起重大的責任。因為這人類大群即使並沒有做什麼，卻也是漠然的允許，漠然於德國所發生的痛苦——直至其情況是如此嚴重，以至於連心腸最冷硬的分離主義也不能再漠視為止。

所以，是集體意識提供了納粹運動的沃土。希特勒只是抓住了時機，但並不是他創造了這個運動。

必須要懂得這其中的教訓。一個持續在強調分別和優越感的群體意識，會使悲憫之情大量消失，而悲憫之情的消失，則無可避免的會隨之以良心的喪失。

以狹隘的民族主義為基礎的集體概念，會忽視他人的苦難，卻會要所有的別人為你們的苦難負責，因而為報復、「整風」和戰爭製造藉口。

奧許維茨集中營是納粹解決「猶太問題」的辦法——是一種試圖「整風」的企圖。

希特勒經驗的可怕，並非在他把此經驗加諸於人類身上，而是人類允許他去做。

令人吃驚的不僅是希特勒的出現，而是還有那麼多人同行。

可恥的不僅是希特勒屠殺了好幾百萬猶太人，而是在希特勒被迫住手以前，必須有好幾百萬的猶太人被屠殺。

希特勒經驗的用意，乃是向人類顯露它自己的面貌。

整個歷史中，你們都不乏出眾的教師向你們顯示機會，讓你們記得你們真正是誰。這些教師向你們顯示了人類的最高潛能和最低潛能。

他們向你們呈現了生動的、令人透不過氣來的例子，讓人知道做為人，可以是什麼樣子——由於人的意識，你們有許多人能夠走向何處，願意走向何處，會走向何處。

務須記得：意識是一切，它會創造你們的經驗，群體意識力量強大，會製造出無可言說的美麗與醜惡。而選擇則總由你們。

如果你們不滿意你們的群體意識，就要想辦法改變它。

改變別人意識的最佳途徑，就是你以身作則。

如果你自己不夠，則組成一個自己的群體——讓自己成為你們想要別人去經歷的那種意識之泉源。當你們身體力行，他們就會——願意——去經歷。

是從你開始。一切事情，樣樣事情。

你想叫世界改變？那就先把你自己世界裡的事改變。

希特勒給了你們最好的機會這樣做。希特勒經驗——像基督經驗——向你們顯示了你們自己的面目，其意義和真理是深遠的。然而，這些較深遠的覺醒——不論是希特勒的，還是佛陀的；成吉思汗的，還是克里希那的；匈奴人阿鐵拉的，還是耶穌基督的——只有在你們記得他們時才存在。

這就是為什麼猶太人要建立大屠殺紀念碑，要求你們永不忘記。因為你們每個人心裡都有一小塊希特勒——不同的只是程度。掃除一個民族就是掃除一個民族，不論是在奧許維茨，還是在傷膝澗（Woundeed Knee）。

所以，希特勒是被派遣來給我們一個教訓，讓我們知道人可以做出多麼可怕的事，人可以墮落到多麼深的地步？

希特勒不是被派遣給你們的，希特勒是由你們所創造的，他起於你們的集體意識。沒有這種集體意識，他不可能存在。這就是你們的教訓。

分別種族隔離和優越意識——「我們」有別於「他們」的意識——就是希特勒經驗的創造者。

神聖兄弟情誼的一體的、合一的、我們的意識，而非「我的，你的」意識，則是基督經驗的創造者。

當痛苦是「我們的」，而不只是「你們的」；當歡樂是「我們的」，而不僅是我的；當整體生活經驗是我們的，則就終於是真正的了——真正整體的生活經驗。

為什麼希特勒到天國去了？

因為希特勒沒有做任何「錯」事。他只是做了他做的事。我要再次提醒你：有許多年的時間，上百萬人都認為他是「對」的。他怎麼可能會不認為如此呢？

如果你冒出某個瘋狂念頭，而上千萬的人都同意，你就很可能不會覺得自己多瘋狂。

這世界——終於——認定希特勒是「錯」的了。這乃是說，世界上的人對他們是誰和他們選擇做誰，參照希特勒經驗，做了新的評估。

他拿出一把尺來，設了一個參數，一個界線，依此我們可以測量和限制我們對自己的觀念。基督所做的也是同樣的事，只不過是在光譜的另一端。

還曾有過別的基督、別的希特勒，以後也會再有。所以，要警覺。因為高等意識和低等意識的人都走在你們之間——正如你們走在他人之間。你又帶著什麼意識呢？

我還是不明白希特勒怎麼可能會去天國。他所做的事怎麼會得到這樣的報償呢？

首先，要了解，死並不是結束，而是一種開始。不是一種可怕之事，而是一種喜悅。它不是一種關閉，而是一種開啟。

你們一生最快樂的時刻，便是結束的時刻。

這是因為它並不結束，而是以如此輝煌的方式繼續，如此充滿了和平、智慧與喜悅，以致難以描繪，也無法讓你們了解。

所以，你首先要了解的——如我已經向你解釋的——是希特勒並未傷害任何人。在某種意義上來說，他並沒有造成任何痛苦，他只結束了它。

佛陀曾說「生是苦」，他說得對。

即使我接受這種說法，但希特勒並不知道他實際上是在做好事，他以為他在做壞事。

不，他不曾以為自己做了什麼「壞」事。他實際上認為他是在幫助他的人民。而這是你所未能了解的。

任何人，以他自己的世界模型而言，都沒有任何「錯」事。如果你以為希特勒明知自己瘋狂，還一直做著瘋狂的事，則你對人性經驗的複雜性還一無所知。

希特勒以為他對自己的人民做了好事。而他自己的人民也認為他如此！這才是瘋狂之所在！德國大部分的人民都同意他！

你們宣稱希特勒「錯」了。好，你們又用這個尺度重新界定了自己，對自己知道得更多一點。好。但不要因希特勒為你們把這個尺度顯示出來而詛咒他。

必得有人做這種事。

如果不是熱，你們無法知道冷；如果不是下，你們無法知道上；如果不是右，你們無法知道左。不要詛咒其一而祝福其二。因為這樣乃是未能了解。

千百年來，大家都在詛咒亞當和夏娃。人們說他們犯下了原罪。我告訴你們：那是原福（The Original Blessing）。因為若沒有發生那件事——分得善與惡的知識——則你們甚至連這兩種可能性的存在都可能不會知道！事實上，在亞當墮落之前，這兩種可能性是不存在的。

那時沒有「惡」。每一個人，每一個物，都存在於恆久的完美狀態。那名副其實是天堂，是樂園。然而你們那時不知那是天堂——不會體驗它為完美——因為你們不知道任何別的情況。

因此，你們應當詛咒亞當和夏娃呢，還是該感謝他們呢？

而你說，我該如何對待希特勒？

我告訴你：神的愛和神的悲憫，神的智慧和神的原諒，神的用意和神的目的，都足夠大到可以容納亞當的罪行和至惡的罪犯。

你們可以不同意這個，但沒有關係。你們才剛剛習知你們到此所要發現的是什麼。

5 你比你想像的要大得多

第一部書中，你曾答應要在這第二部書裡解釋許多較廣較大的事物——如時間與空間、愛與戰爭、善與惡、最高層次的全球政治。你也曾答應要更進一步——更詳盡的——解釋人類的性經驗。

沒錯，我統統答應了。

在第一部中，我討論的主要以個人的事情為主，第二部則以你們在地球上的集體生活為主。第三部則討論最廣大的真相：宇宙論、宇宙的全圖、靈魂的旅程。加起來，乃是我目前能對你們的一切事物——從穿鞋到了解宇宙——所提供的最佳資訊與忠告。

關於時間，你要說的都說完了嗎？

我已經說完你們需要知道的部分。

沒有時間。一切事物都是同時存在的。所有的事件都是同時發生的。

這本書正在寫，由於正在寫，所以它已寫完；它已存在。事實上，你所有的資訊正是由此得來——從已經存在的書。你只是賦予它形式。

此乃這句話的意思：「即使在你要求之前，我就已答應。」

關於時間，這些資訊似乎……嗯，都很有趣。不過那很神秘。它對真實的生活具有什麼實用價值嗎？

對時間的真正了解，可以讓你在你們相對性的真相中，生活得更為平靜——在你們的相對真相中，你們把時間當作一種運動、流動在經驗，而非當作恆定。

動的是你們，而不是時間。時間不動。只有一個時刻。

在某一層次上，你們對此有深刻了解。這乃是當有某種真正重大或有意義的事情發生時，你們常說好像「時間停止」了。

它是停止的。而當你們也這樣，你們往往會經歷到一種攸關生死（life-defining）的時刻。

我發現這難以置信。這怎麼可能呢？

你們的科學已經在數學上證明了這一點。已經寫出的數學公式顯示出，如果你進入太空船，飛得夠遠夠快，你們會轉回地球看著自己出發。

這證明，時間不是一種運動，而是你在其中運動的場（field）——而在此說法中，你乘的是地球號太空船。

你們說，要三百六十五「天」來構成一年。然則「天」又是什麼呢？你們決定——我可以說，這是相當隨便的——一「天」是你們的太空船在自軸上整整轉一個圈所需的「時間」。

你們又怎麼知道它這樣轉了一圈呢？（你們不可能感覺到它在動！）你們在天空中選一個參考點——太陽，你們說，你們在太空船所在的位置面對太陽，轉離太陽，再重新面對太陽，用了整整一「天」。

你們把這一「天」分成二十四「小時」——又是十分隨便的。你們本也可以說它是「十」或「七十三」！

然後你們又把「時」分成「分」。你們說每一小時包含六十個更小的單位，稱之為「分」——而每一分又包含更小更小的六十個單位，稱之為「秒」。

有一天，你們發現地球不但在自轉，而且還在飛！你們看出它是繞著太陽在太空中移動。

你們小心計算出，地球繞著太陽轉一圈，它自己要轉三百六十五圈。這些圈，你們稱之為一「年」。

但當你們想把一年分成比「年」小、比「天」大的單位時，你們發現有點一團糟。

你們創造了「週」和「月」，你們設法使每年的月數都一樣，卻無法使每個月的天數都一樣。

你們無法用偶數十二來整除單數三百六十五，因此你們決定有些月比另外一些月多一天！

你們之所以覺得必須把一年分成十二個月，是因為你們看到月亮一「年」會轉十二次。

為了調合這三種太空事件——地球繞日、地球自轉和月亮循環——你們的辦法便是調整每個

「月」的「日」數。

即使如此，你們還是未能解決所有的問題，因為你們早期的發明對「時間」有所「增益」，使你們不知如何處理。結果，每隔幾年你們就決定多出整整一天！你們稱那一年為閏年，而說來好笑，你們就真的靠這種構想生活——然後卻稱我的解釋為「不可思議」！

你們的「十天」「百年」也是同樣隨便決定的（有趣的是，不是以十二為基礎，卻是以十），用以測量「時間」的度過——但你們所做的這一切，其實都只是測量在空間運動的方式而已。

這樣，我們可以明白，「過去」的不是時間，而是事物，是在一個你們所稱之為「空間」的靜止場中的移動。「時間」只是你們計算運動的一種方式！

科學家們深深了解此一關連，因此他會有「時空連續體」（Space-Time Continuum）之說。

你們的愛因斯坦博士和有些人，明白了時間是心智的一種構想，是一個相對論性質的概念。「時間」是跟物體與物體之間的空間相對的東西！（設若宇宙在膨脹——是真的——則現在地球繞太陽一周，就比十億年前的時間「長」一些。因為它要動的「空間」更多。）

因此，這些轉動的現在比在一四九二年就要花更多的分數、時數、天數、週數、月數、年數和世紀數！（什麼時候一「天」不再是一天？一「年」不再是一年？）

現在，你們新穎而複雜的時間計算工具，記錄出了這「時間」的差距，因而每一年全世界的時鐘都要調整，以配合這不肯靜止的宇宙！這叫作格林威治平太陽時（Greenwich Mean Time）……不錯，確實是「平」（mean，卑鄙），因為它讓宇宙顯然像個謊言家！

愛因斯坦推論道，在動的並不是「時間」，而是那些以某一速度在空間中的移動的人；而要「改變」時間，那人所必須做的只是改變物體之間的空間距離，或改變他從某一物體移往另一物體時的速度。

在他的廣義相對論中，他擴充了你們現代對時間與空間的相對性的了解。

現在你們可以開始了解，如果你們在太空中旅行再回來，何以你們可能只增加了十歲，而地球上的朋友卻可能增加了三十歲！你們旅行得越遠，越是扭曲了時空連續體，則你們回到地球上發現離去時的人還活著的機會越少！

然而，如果地球上「未來」的科學家，能夠開發出一種加速更快的辦法，他們就可以「騙過」宇宙，跟地球上的「真正」時間同步，回來時發現地球上所度過的時間和太空船上所度過的時間相同。

顯然，如果能得到更大的驅動力，就可以在出發之前返回地球！這是說，地球上的時間會過得比太空船上的更慢。你們在你們的十「年」時返回，而地球上才「過了」四年！速度加大，則太空中的十年可能在地球上只有十分鐘。

現在，還有太空結構中的「褶層」（fold）（愛因斯坦和另外一些人相信有這種「褶層」存在——而他們是對的！）你們可以在無限短的時刻中突然「越過」太空！這樣的一種時空結構，會不會把你們「投」回「時間」中呢？

現在，說「時間」僅是你們腦中的構想似已不太難懂。一切曾經發生過的事，現在都還在發生，而且將要發生。是否能觀察到這種情況，端看你觀看的位置——你在「太空中的位置」。

如果你在我的位置，你就可以看到一切——在此刻！明白嗎？

哦！我開始——在理論上——嗯，明白！

好。我在此處是用非常簡單的方式對你們解釋，可以讓小孩都聽得懂。這可能不算很好的科學，不過很好了解。

目前，物質體在速度上是受限制的——但非物質體——我的意念……我的靈魂……在理論上，可以用不可置信的速度在太空移動。

完全正確！完全正確！夢中和其他出體（Out-of-body）與精神體驗往往就是這樣。現在你了解「恍然若有所覺」了，你可能曾經在那裡。

但是……如果一切都已經發生過，那麼，我就不可能改變我的未來了。這是不是命定論呢？

不是！別上那個當！那不是真的！事實上，這種「展示」應當有助於你，而非有礙於你！你永遠都處在自由意志和完全選擇的地位。由於你能夠看到「未來」（或讓別人為你看），乃能加強你的能力，去過你想要過的生活，而非限制了你。

要怎麼樣才能做到呢？這一點我需要幫助。

如果你「看到」某一未來的事件或經驗是你不喜歡的，就不要選擇它！重新做選擇，選別的！

改變你的行為，以便避免不想要的後果。

但如果是已經發生的事，我怎麼可能避免呢？

對你來說，它還沒有發生！你處在時空連續體中的這樣一個位置，你並未有意識的覺察到那事件的發生。你並不「知道」它已「發生」。你並未「記得」你的未來！

（這一種「忘記」是一切時間的秘密。這就是使你得以「玩」生命的大戲之原因！我以後會再解釋！）

凡是你不「知道」的，就不是「如此」。由於「你」尚未「記得」你的未來，它對你來說就尚未「發生」！這一件事情只有在「經驗」到時才「發生了」。一件事情只有在「知道」了時才「經驗到」。

現在，讓我們這樣說：你被賜予對你的「未來」短短的一瞥，一剎那的「知」。你的精神體（Spirit）——就是你的非物質部分——疾速前往時空連續體中的另一處，帶回那一時刻或那一事件的某些殘餘能量——某些影像或印象。

這些是你可以「感覺」到的——有時候是由別人，由那發展出形而上能力、可以「感覺」或「看到」圍著你轉的那影像和能量的人。

如果你不喜歡你對你的「未來」的「感覺」，那就站開！只要站開就行！在這一刻，你就改變了你的經驗——而每個你都會鬆一口氣！

等等！什——麼？

你必須知道——現在你已預備聽取——你同時存在於時空連續體的每一個層面。就是說，你的靈魂過去在、現在在、永遠在——直至永無止境——阿門。

我「存在於」不只一個地方？

當然！你處處都在——並且時時都在！

在未來有個「我」，在過去也有個「我」？

「未來」和「過去」並不存在，這是我們剛剛費了許多力氣才了解的。不過，用你們現在慣用的話來說，沒錯。

我不只一個？

你只有一個，但你比你想像的要大得多！

所以，當「現在」「存在」的我，改變了他「未來」所不喜歡的某件事，則存在於「未來」的我，就不會經驗到這一部分？

基本上說是這樣。整幅拼圖會改變，但他永不會喪失他給自己的經驗，他只是鬆一口氣，為「你」不用經歷那件事而高興。

但那「過去」的「我」還是得「經歷」那件事，因之他直接走進去？

就某個意義來說，沒錯。但當然「你」可以幫助「他」。

我可以？

當然。先把你在經歷之前的「你」改變，則在你之後的「你」就可能永遠不需去經歷！你們的靈魂就是以此設計而演化的。

同樣，你未來的你也可以從他自己未來的自己得到幫助，因而幫助你去避免他所未做的事。

你聽懂了嗎？

懂。這玄妙得很。可是我現在有另一個問題。前生又是什麼呢？如果我一向就是「我」——在「過去」與「未來」都是「我」——則我怎麼可能在前生曾經是另一個人呢？

你是一個神聖存在（Divine Being），能夠在同「時」有不同的經歷——能夠按照你的選擇，將你的本我愛分成多少不同的「自己」，就分成多少。

你可以一再一再以不同的方式過「相同的生活」——這是我已解釋過的。你也可以在連續體上於不同的「時間」過不同的生活。

因此，就在你是你的此時此地，你可以也在、曾在別的「時間」、別的「地方」，是別的「自己」。

好慘。這是「複雜」加「複雜」了！

對，我們這還只是搔搔表皮呢！

要知道：你是神聖配比（Dinine Proportion）的存在體，沒有限制。你的一部分選擇以你目前經歷的身分來認知你自己。然則這絕不是你的生命的界限——儘管你以為如此。

為什麼？

你必須以為如此，不然你就不能去做你這一生自己要去做的事情。

但這又是為什麼呢？你以前曾跟我說過，但請再告訴我一次，「此時」「此地」。

你用你全部的生命——你一切的生生世世——去做你真正是誰，並決定你真正是誰；去選擇和創造你真正是誰；去經歷和實現你當前關於你自己的想法。

你是處在這樣的永恆時刻：藉由自我表現而自我創造與自我實現。

你吸引生活中的人、事與環境，做為工具，藉此來締造你對自己最偉大的意象之最恢宏的版本。

這種創造與再創造的歷程是一直在進行的，永不終止，而且是多層的。在許許多多層次上，「正在此時」都正在發生。

在你們的線性實況中，你們把經驗視為過去、現在與未來的經驗。你們想像自己有一次的生命，或者，也或許想像為有多次生命，但某一時間中只有一個。

但設若沒有「時間」呢？那麼，你們不就同時有所有生命了嗎？

你們真的是如此！

在你的過去、你的現在、你的未來，你都同時在過著你這個生活——這個你目前實現了的生活！你是否對未來的某件事情曾有過一種「奇怪的預感」？——那麼強而有力，以致使你避開了它？

用你們的語言說，這叫作「預兆」（預先的警告）。從我的觀點來看，那則只是你突然覺察到你剛剛在你的「未來」所經歷到的事。

你那「未來的你」說：「嗨，這不是好玩的，不要做這件事！」

你們也在此時過著那稱之為「前世」的生活——只不過你們把它當作「過去」的事情來經歷（設若你們會感受到這經歷的話），而這又正好。如果你們對於正在進行的事有全然的覺察，則你們玩起這奇妙的生之遊戲便非常困難。即使此處所做的描述，也不能給與你們這種覺察。若能，則這「遊戲」就已結束！這個經歷之所以為歷程，就是因這歷程是完整的——包括在此階段你們對它缺乏完全的覺察。

所以，祝福這歷程吧！並以它為那最仁慈的創造者之最偉大的禮物而接受它！擁抱這歷程，以和平、智慧與喜悅來通過它。運用這歷程，將它從你所忍受的事情轉變為你所從事的事情，以之做為創造一切時間中至為輝煌的經驗之工具：此經驗乃是實現你神聖的本我。

那麼我要怎麼樣才能做得最好？

不要把你現在這可貴的時光，浪費在追問生命一切的秘密上。

這些秘密之所以為秘密，是有原因的。允許你們的神為你們留作秘密吧！將你們現在的時刻用在至高的目的上——創造並表現你真的是誰。

要決定你是誰——你想要是誰——然後盡一切所能去達成。

把我對你所說有關時間的話當作框架，在你有限的領會之內，建起你最恢宏的理念。

若有關「未來」的印象來到你心上，則尊崇它。若有關「前世」的觀念來到你心上，則看看對你是否有何用處——不要只是不予理睬。更重要的是，如果有一條路讓你知道如何在此時此地，以更為樂觀的方式去創造、展示、表達和經歷你的神聖自我，則遵循它。

而真有一條路讓你知道了，因為你曾請求。這本書的書寫，就是你的請求的一個徽記，因為若不是有一個準備著去認知的靈魂，如果不是有一個開放的心，你不可能寫出此刻正在你眼前的這本書來。

凡閱讀此書的人也一樣，他們也創造了這本書，不然他們怎麼可能經歷到呢？

每個人現在都在創造每一件他所經歷的事——而這話的另一種說法是，我現在在創造每一件被經歷的事，因為我是每一個人。

現在你看出那對稱美了嗎？你看出那完美了嗎？

所有這些都包含在一個真理中：

我們是一。

6 宇宙，是神的呼吸

告訴我空間是什麼。

空間是……被證實了的時間（時間的鋪展）。

事實上，並沒有空間這麼一種東西——沒有純粹的、「空虛的」、沒有任何東西在其中的空間。任何東西都是某種東西。即使最「空虛」的空間都充滿了「氣」——那麼稀薄，在無限的區域中如此之延伸，以致它們似乎並不存在。

接著，在氣離開之後，是能。純粹的能。這能展現為振動、搖動。萬有以一種特殊的頻率而呈現的運動。

不可見的「能」乃是那將「物質聚在一起」的「空間」。

宇宙中所有的物質都曾經——用你們的線性時間模式來說——濃聚為小小的一點。你們無法想像這小點的濃度——這是因為你們以為現在所存在的物質是濃縮的。

事實上，你們說的物質大部分是空間。所有「固體」的物體都是百分之二的固體，百分之九十八的「空氣」！一切物體的最小微粒之間的空間都是巨大的。這種情況就像夜空中天體之間的距離，而你們卻將這些物體稱之為固體！

在某一點上，整個宇宙確實曾是「固體」。那時在粒子與粒子之間真正沒有空間。一切的物質都將「空間」剔除在外——而當巨大的「空間」除去之後，物質所占的區域就小於一個針尖。

在此「時間」之前，確實還有一個「時間」，那時根本沒有物質。那時只有最純粹的最高振動能量，是你們會稱之為非物質的。

在有時間「之前」——在你們所知的宇宙存在之前——有時間存在。但此時沒有任何東西以物質的面目存在。有些人認為那是樂園或「天國」，因為「沒事」。

（現在你們的用語中，當你們懷疑出了什麼問題時，不是說「怎麼啦？什麼事？」〔What's the matter〕嗎？這不是偶然。）

在初始，純粹的能——我！振動、擺動得如此之快，而形成了物質——宇宙中所有的物質！

你們也能夠完成同樣的奇蹟。事實上，你們天天都在做。你們的意念便是純粹的振動——而它們能夠，而且真的在創造物質！如果你們有足夠的人保持相同的意念，你們就可以對物質宇宙的某些部分產生衝擊，甚至可以創造某些部分。這我已在第一部中解釋得很詳細了。

宇宙現在正在膨脹嗎？

以一種你們無法想像的速度！

它會一直膨脹下去嗎？

不會。因為使其膨脹的能量將會消失，而把東西聚合的能量將會接管——這個時刻將會到來，把一切東西重新「拉回」。

你是說宇宙將會收縮？

對。所有的東西真的會「重歸本位」！而你們也會再有樂園，沒有任何東西，沒有物質，只有純粹的能。

換言之——就是我！

到最後，統統要回歸我，亦即「全歸於此」（It all comes down to this.）。

這意謂我們不再存在！

不再以物質的形式存在。但你們會永遠存在。你們無法不存在。你們就是那存在者。

在宇宙「塌陷」之後，會發生什麼事情呢？

整個過程會重新開始！會有另一次所謂的大爆炸，另一個宇宙會誕生。它會膨脹，會收縮。然後會一再反覆。一再一再。永遠永遠。世界永無終止。這是神的呼吸。

嗯，好吧，所有這些也都非常有趣——但跟我的日常生活沒有多大關係。

我說過，花費大量時間試圖揭露宇宙最深的秘密，可能不是你此生的時間最有效的用法。然而對這大歷程做門外漢模式的簡單比喻和描述，也可以使你們獲益。

比如呢？

比如了解一切事物都是周而復始的，包括生命自身。了解宇宙的生命，會有助於了解你內在的宇宙。生命是周而復始在運行的。一切事物都是周而復始的。一切事物。當你了解這個，你就更能享受這歷程，而不只是忍受它。

一切事物都周而復始運行。生命有其自然節奏，而一切都依此節奏運行；一切都與此流同行。因而有這樣的說法：「普天之下，一切事物的一切作為，皆有其時。」了解這個的人是聰明的；運用這個的人是智慧的。

女人更懂得生命的節奏。女人依節奏度其一生。她們跟生命本身的節奏相合。

女人比男人更能「合流」。男人想要推、拉、抗拒、指導那流動。女人則體驗它，然後與之相融相合，以達成和諧。

女人聽到風中花朵的旋律。她看到那不可見者的美。她感覺到生命的牽引與促動。她知道什麼是跑的時候，什麼是休息的時候；什麼是笑的時候，什麼是哭的時候；什麼是抓住的時候，什麼是放手的時候。

大部分女人優雅的離開她們的肉體。大部分男人抗拒離開。女人當在身體之內時，也都優雅的對待她們的身體。男人則用可怕的態度來對待身體。這乃是他們對待生命的態度。

當然，任何常態均有例外。我在此所說的是概論。我說的是事情一直到現在的情況。我是以最泛論的方式在說。但若你們注視生活，承認所看到的，則你們可以在此概論中發現真理。

這卻使我感到悲哀，這讓我覺得女人似乎比男人優越。她們比男人的「好料子」多一些。

生命輝煌的節奏之一是陰與陽。「存在」（Being）的某一面向並不比另一面向「更好」或「更完美」，兩種面向都僅是奇妙的面向。

男人，顯然秉賦著神性的其他映像，而這又令女人欣羡不已。

然則也曾有言，生為男身，乃是你的測驗場，或你的考驗。當你當男人當得夠久——當你因你的愚蠢已經受夠了痛苦，當你由於你創造的災難招致的痛苦已夠，當你對別人的傷害已足以終止你的行為——用理性來替代侵犯，用悲憫來替代輕視，用「無人損失」來替代「總是贏」——那時你就可以成為女人了。

當你學會強權不是「真理」；力量不是「控制」而是「並肩」；絕對的權力與能力一無所求；當你了解這些事情，那麼你就配穿上女人的身體——因為你終於了解了她的本質。

那麼，女人是比男人更好了。

不！不是「更好」，而是不同！是你自己在做此判斷。在客觀的真相中，並沒有「更好」或「更壞」這類東西。只有是什麼和你想要是什麼。

熱並不比冷更好，上並不比下更佳，這一點我曾說過。因此，女性並不比男性「更好」。她只是她，正如你是你。

然則你們卻並非被局限的，不是誰比誰更受到限制。你可以成為你希望成為的，選擇你想要經驗的。在這一生或下一生，或下下一生——正如你在前一生。你們每一個都一直在選擇中。你們每一個都是由萬有造成的。在你們每一個身上都有男性和女性。表現和經歷那讓你們喜歡表現和經歷的面向吧！然則要知道，萬有是向你們每個人開放的。

我現在不想去談別的話題。我要留在這男性與女性的話題裡久一些。你在上一本書末尾曾經答應，要對整個兩性的局面談得更詳細一些。

沒錯。我想現在是我們——你跟我——談談性的時候了。

7 愛，愛，去愛那你們想要的東西吧

為什麼你創造兩性？這可是你認為我們歡悅和再創造的唯一途徑？我們應當如何對待稱之為「性」的這妙不可言的經驗？

當然，不用帶著羞恥感。不用帶著罪惡感，不用帶著恐懼感。因為羞恥感不是美德，罪惡感不是善，恐懼感不是榮耀。不要帶著貪婪，因為貪婪不是熱情；不要帶著背棄之心，因為背棄不是自由；不要帶著侵犯之意，因為侵犯不是渴望。

而顯然，不要帶著控制或權力之念，因為這些跟愛都沒有關係。

但是……性是否可以純為個人滿足呢？令人驚奇的是，答案是可以。因為，「個人的滿足」正是自愛（Self Love）的另一個說法。

多年來，個人滿足都名聲狼藉，而這乃是何以有那麼多罪惡感附著在性上。

別人告訴你們，對於這種那麼令人滿足的事，你們不可用來做個人滿足之用！這矛盾是顯然的，因此你們不知道該怎麼辦！所以，你們決定，在「其前、其中、其後，都感到那麼好」的性事，你們要有罪惡感——至少這樣會讓事情看起來好一點。

這就像你們一位著名的歌手——她的名字我在此不提——由於唱歌而收到數百萬元。當人詢問她為何不可思議的成功與致富時，她說：「因為我是這麼愛做這件事，我幾乎有罪惡感！」

這話的意涵很清楚。如果那是一件你愛做的事，你就不應當另得金錢的報酬。大部分人是靠做他們厭惡的事而賺錢——或至少是艱辛工作，而非無止境的喜悅之事！

所以，世間的訊息是：如果你覺得不喜歡，你就可以享受它！

罪惡感往往被你們用來對你們明明覺得好的事去覺得壞——好讓你跟神重歸於好……因為你們認為神不要你們對於任何事情覺得好！

你們尤其不可對身體的喜悅覺得好。又絕對不能對（就像你們的老祖母常常小聲說的）「性」……

好吧，好消息是：喜歡性根本就是好的！

愛你自己也根本就是好的！

事實上，那是你們的使命。你們本應如此！

不應該的是耽溺在性上（或任何事物上）。但愛上性，好得很！

每天這樣說十次：

我喜歡性！

每天這樣說十次：

我喜歡錢！

好啦，你還想要一個真正夠勁的嗎？那每天試說十次：

我喜歡我！

還有一些東西是被人認為不該喜歡而實際卻喜歡的：

權力（能力）

榮耀

名譽

成功

得勝

還有呢？下面這些。如果你喜歡這些，你真的應該覺得有罪囉：

別人的奉承

比以前更好

擁有得更多

懂得怎麼做

懂得為什麼

夠了嗎？等等！下面這兩種對你們來說，更是一種終極的罪惡。如果你覺得你懂得神（認識神）。

這是不是很有趣？終其一生，你們都被弄得對你最想要的東西感到罪惡。

然而我告訴你們：愛、愛、去愛那你們想要的東西吧！因為你們對它們（他們、她們）的愛，會把ㄊㄚ們拉向你們。

這些東西是生命或生活的質材。當你愛ㄊㄚ們，你就是愛生命！當你宣布你渴望ㄊㄚ們，你就是在宣布你選擇了生命所能提供的一切好的東西！

所以，選擇性吧！——凡是能夠得到的所有的性！
選擇權力吧！——所有你能掌握的權力！
選擇名譽吧！——所有你能獲得的名譽！
選擇成功吧！——所有你能得到的成功！
選擇勝利吧！——所有你能經驗到的勝利！
但是不要以性來替代愛，而是以性做為愛的歡呼；不要選擇壓制他人的權力，而是並肩合作的權力（能力）。不要以名譽為目的而選擇它，卻是以它為更大的目的之手段。不要選擇以他人為代價的成功，而是以之為工具去幫助他人。不要選擇不計代價的勝利，而是得勝卻不要他人揹負任何代價，甚至為他們帶來益處。
放手去做吧！選擇別人對你的讚譽——但要看出所有的人都是你可以大加讚譽的生命，並真的去讚譽。
放手去做吧！選擇「更好」——但不是比別人更好，而是比你自己原先更好。
是的，選擇「懂得怎麼做」和「懂得為什麼」——以便你可以跟他人分享知識。
要用盡一切方法選擇認識神。事實上，先選擇這個，其他一切都會隨之而來。
你們整個一生都被教導給與比接受更好。然則你不可能把你沒有的東西給予他人。
這乃是為什麼自己的滿足是如此重要，也是為什麼把它視為如此醜惡是如此不幸。
顯然，以他人為代價的自我滿足，不是我們此處所談的意思。然則人生也不應當忽視自己的需求。
給予自己豐富的享受，你將會有豐富的享受給予他人。

譚崔的性學大師們很懂得這一點。這就是為什麼他們鼓勵自慰——而你們有些人稱此事為罪惡。

自慰？哦，老兄——你真的是越講越遠了。你怎麼會想到這種話？你怎麼連這個也說？你這訊息本應是來自於神的！

我知道了。你對自慰有成見。

不，我沒有，可是很多讀者可能有。而且我以為我們的對話是要製成一本書給別人去讀的。

沒錯。

那你為什麼故意觸怒他們？

我沒有「故意觸怒」任何人，要不要「被觸怒」是他們的自由選擇。然而，你真的以為我們既要坦坦白白的談論人類的性，而又可以不讓任何人自己選擇「被觸怒」嗎？

不。但我們的話題還是有點過了頭。我不認為大部分人已經準備好要聽神談論自慰。

如果這本書局限於「大部分人」所準備好要聽的神所說的題材，那就是一本小書了。當神要說話的時候，大部分人是從來沒準備好要去聽他說什麼的。他們通常都要等兩千年。

好吧，說下去。我們都已經經過開頭的震撼了。

好。我只是在用這一種生活經驗（順便說一聲，這是你們每個人都做的。只是沒人會說）來說明更大的一點。

這更大的一點，再說一遍，是：給予你們自己豐富的享受，你們便有豐富的享受給予別人。

譚崔性學——順便說一聲，這是非常高明的性的表現方式——的教師們知道，如果你帶著性的飢渴來接近性，則你取悅伴侶的能力就會大減，去體驗靈魂與肉體經久與歡悅的結合——這是體驗性生活非常好的理由之一——之能力也將大減。

因此，譚崔的戀人往往在互娛之前先自娛。這往往是在對方面前，而常常也互相幫助、鼓勵與指引。在起初的飢渴已獲滿足之後，兩人更深的渴望——由經久的結合而產生的狂喜——才能得到輝煌的滿足。

相互自娛乃是性的充分表達之一部分——性的歡悅、性的遊戲性、性的愛憐。性的表達有好幾個部分，相互自娛是其中之一。你們所稱之為性交的經驗，則可以是在兩個小時的愛的相遇之後發生。也可以不是。對你們大部分人來說，那極可能是你們二十分鐘操練的唯一一點——這是說，如果你們幸運的話，才有二十分鐘！

我沒有想到這會變成性愛手冊。

它不是。但如果是，也沒什麼不好。大部分人對於性，對於它至為奇妙、至為有益的表達方式，還有許多要學習之處。

不過我要說明的仍是那較大的一點。你給予自己的歡樂越多，你就越能給予別人歡樂。同樣，如果你給予自己力量越多，你也有越多的力量分與他人。名譽、財富、榮耀、成功，或任何讓你覺得快活的事都是一樣。

而現在，我認為也是看看為什麼有些事情讓你「覺得很爽」的時候了。

好吧——我投降。為什麼？

「覺得很爽」就是靈魂在歡呼——它歡呼說：「這就是我！」

你不是曾經在教室裡被老師點名嗎？當老師叫到你的名字，你必須答「在」或「有」，是嗎？

是。

好，「覺得很爽」是靈魂說「在」或「有」的方式！

而現在，有許多人會嘲諷「去做你覺得很爽的事」這個觀念。他們說這是通往地獄之路。但是我要說，這是通往天國的路！

當然，這要視你說「覺得很爽」是指什麼而定。換句話說，哪一些經驗是讓你覺得很爽的？不過我告訴你們——沒有任何進化是藉由否定而達成的。如果你會進化，那不是因為你否定了你知道會「感到很爽」的那些事物，而是因為你滿足了那些樂趣——並發現某些更大的樂趣。因為，如果你不去品嘗那「較小」的，你怎麼知道什麼是「更大」的呢？

宗教要你們以它的話為準則。這乃是為什麼所有的宗教終歸失敗的原因。

但靈性卻總是成功的。

宗教承受不了靈性。它容忍不了靈性。因為靈性可能帶給你跟任何宗教都不相同的結論，而這是任何已知的宗教都無法容忍的。

宗教鼓勵你們去探究別人的思想，並把它們當成自己的來接受。靈性則邀請你們丟掉別人的思想，而萌發自己的。

「覺得很爽」是一種自我告知的方式，告訴自己你這個念頭是真理，你這句話是智慧，你這個行動是愛。

要想知道你進步了多少，要想測量你演進到多高，只要看看是什麼讓你「覺得很爽」就可以。

但不要以否定那些讓自己覺得很爽的事物，或以避開此種感覺的方式來迫使自己演化得更快更遠。

自我否定就是自我毀滅。

但你也要知道：自我規範並不是自我否定。規範自己的行為是一種積極的選擇，是以決定自己是誰為基礎，而去做某件事或不做某件事。如果你認定自己是一個尊重別人權益的人，則決心不去偷、不去盜、不去掠奪，就不能說是「自我否定」。那是一種自我宣示，這乃是何以說，什麼事物使人覺得很爽是他進化的指標。

如果言行不負責任，如果做出傷害別人、讓人艱困或痛苦的行為，讓你「覺得很爽」，則你就演進得不很遠。

覺醒乃是此處的關鍵。在年輕人心中喚起和傳播覺醒，乃是你們家族和社區中年長的人的職責。這也是神的使者的職責：要在所有的民族中推廣覺醒，以便讓人可以明白對某人所做，或為某人所做的事，是為所有的人所做——因為我們統統都是一體。

當你們的意念言行出於「我們都是一體」，實際上便不可能會因傷害別人而「覺得很爽」；所謂「不負責的」的行為便會消失。進化中的生命是在這樣的參數之內尋求生活的體驗。是在這樣的參數之內，我說你們應允許生命提供給你們的一切——而你們將發現，生命所提供給你們的，要比你們所能想像的要多得多。

你體驗什麼，你就是什麼。你表達什麼，你就體驗什麼。你必須表達什麼，就表達什麼。你准予自己什麼，你就擁有什麼。

我喜歡這些。不過，我們可以回到原來的問題嗎？

可以。我在一切事物中都置入「陰」與「陽」，同樣，我創造了兩性！這「雌」與「雄」乃是陰與陽的一部分。這是你們所居住的世界對陰與陽的至高形式的表現。

兩性是陰與陽……的賦形。是許多賦形之一。

陰與陽，這裡與那裡，此與彼……上與下，熱與冷，大與小，快與慢，物質與反物質……

這一切，都是你們為了體驗生活所必須的。

我們稱為性能量的這種東西，要如何才能做最好的表達呢？

以愛。以坦蕩。

以遊戲。以歡樂。

以活潑。以熱情。以神聖。以浪漫。

以幽默。以自發。以動人。以創造。以不羞。以感覺。

而當然，以經常。

有些人說，人類性生活唯一合法的目的是生殖。

胡說。生殖是人類大部分性經驗的快樂後果，而不是合理的前提。認為性只是為了製造小孩，這種想法過於無知，因而認為懷了最後一個小孩之後，就應當停止性生活，則比無知更糟。它蹂躪了人的天性——而這天性是我給與你們的。

性的表現是永恆的吸引過程無可避免的結果，也是有韻律的能量之流無可避免的結果，而這能量之流是一切生命的燃料。

我在一切萬物中都注入了能量，使其將訊息傳遍宇宙，每一個人，每一個動物，每一棵植物，每一塊石頭，每一棵樹——一切有形之物——都送出能量，正如無線電發報機。

現在，你正在送出能量——發散能量——從你的生命中心向所有的方向發射。這能量——也就是你——以波的方式向外運動。能量離開你，透過牆壁，越過山嶺，掠過月球，進入永遠。它永不止息。

你的每一個意念都為此能量著色。（當你思念某人，若此人夠敏感，他或她就能感受到。）你說的每一句話都塑造了它，你做的每一件事都影響了它。

你所釋出的能量之振幅、速度、波長和頻率，都隨時隨你的意念、情緒、情感、語言和行為而變化。

你曾聽人說過：「發出好的振幅。」那是真的。非常正確！

當然，每一個人都在做同樣的事。所以以太（ether）——在你們之間的「氣」——中就充滿了能量；這形成了眾人「振幅」交織的網絡；形成的毯狀組織比你們任何的想像都更為複雜。

這網絡是能量的交織場，你們在其中生息。它能力巨大，影響一切事物。包括你們。

進來的振幅衝擊著你們，你們因之創造新的「振幅」而發散出去，加入並改變了那網絡——而這又衝擊你……如此永無止境。

你可能會認為這只是精采的幻象。但你是否曾經走進一個屋子，而感到其中的「空氣凝結到可以切開」？

或者，你是否聽說過，兩個科學家在地球的兩端，同時在研究同一問題而不相知，又同時各自獨立的得到相同的解答？

這是常有的事；這是網絡更為顯然的表露。

這網絡——在任何參數之內都有的能量交織場——是力量巨大的振幅。它可以直接衝擊、影響，和創造物體及事件。

（「凡是以我之名，有兩人或多人相聚之處……」）

你們通俗的心理學稱此種能量網絡為「集體意識」。它可以，而且真的影響你們地球上的一切事物：戰爭的態勢及和平的機會；全球性的騷亂或舉世的祥和；蔓延的疾病或全球的福祉。

一切都是意識的結果。

在你們個人的生活中，某些事件與處境也是如此。

妙得很，可是這跟性又有什麼關係呢？

別急。我正要說。

整個世界都隨時在交換能量。

你的能量推出來，觸及其他一切。一切物、一切人的能量都在觸及你。但現在，有趣的事發生了。在你和其他一切的半路上，這些能量相遇。

為了更生動的描述，讓我們想像在一個房間中有兩個人。他們各自遠在房間的一隅。我們稱他們為湯姆與瑪莉。

湯姆的能量以三百六十度的方向向宇宙中發射訊號。有些訊號擊中了瑪莉。

瑪莉也同時發射她自己的能量，其中有些擊中了湯姆。

但這些能量是以你們所未曾想像過的方式相遇。它們在湯姆與瑪莉之間的半途上相遇。

這些能量單元（記住，這些能量是物理現象；它們是可以被測量、被感覺到的）結合而形成了一個新的能量單元，我們稱之為「湯瑪莉」。它是湯姆與瑪莉能量的結合體。

湯姆與瑪莉很可以稱此能量為「我們的中間體」——因為它真的就是：它是兩者都與之相連的能量體，兩人都用持續不斷的能量在餵養它，而它又把能量送回給它的兩個施主——沿著一直存在於網絡中的管線（其實，這「管線」就是那網絡）。

這「湯瑪莉」的體驗是湯姆與瑪莉的真相。他們兩個都被此一神聖靈交（Holy Cammunion）所吸引。因為，透過管線，他們都感覺到那中間體，那結合者，那幸福的一體之崇高喜悅。

隔著遠距離的湯姆與瑪莉可以——以實質的方式——感覺到在那網絡中所發生的事。兩人都殷切的被此種經驗所吸引。他們想要走向對方！立刻！

此時，他們所受的「訓練」卻插手進來。世人曾訓練他們放慢腳步，不要相信感覺，要防範「傷害」，要收斂。

可是，那靈魂……卻要結識「湯瑪莉」——立刻！

如果他們幸運，他們就會自由得足以揮開他們的恐懼，唯愛情是賴。

現在，他們已不可挽回的被他們的中間體所吸引了。在形而上的意義上，湯瑪莉已經被體驗了，現在湯姆與瑪莉要在實質上來體驗此一結合體。所以他們就靠得越來越近。並不是走向對方。這和一般粗心的觀察者所看到的並不一樣。他們是想要接近湯瑪莉。他們是想要接近那業已存在於他們之間的神聖合一體。那他們已經知道他們是一體之處，那成為一體究竟是什麼樣子的地方。

他們挪向他們在體驗中的這種「感覺」；而當他們越來越近，當他們「縮短線路」，他們兩個送給湯瑪莉的能量所經過的距離就越短，因之越來越濃。

他們離得更近了。距離越短，濃度越高。他們移得更近。濃度又更高。

現在，他們只一步之隔。他們的中間體熾熱起來，以驚人的速度震動。湯瑪莉所收所發的「接觸」都更濃、更廣、更亮，以不可置信的能量在燃燒。他們兩個被人稱作「欲火中燒」。那是真的！

他們挪得越來越近。

現在，他們相融了。

騷動幾乎是無法忍受的。奇妙難耐。在他們相觸的那一剎那，他們感受到湯瑪莉所有的能量——他們那合成存在濃縮的、密集的、合而為一的全部質量。

如果你將你的感受力開放到最大的限度，當你們相融時，這種微妙的能量讓你打顫——有時候這種「打顫」會通過你全身——有時則會在你們接觸的地方發熱——有時則此熱突然傳遍你全身——但主要是深藏在你們的小腹——丹田，這乃是能量的中心。

在那裡，這能量「燃燒」得特別濃烈——而湯姆與瑪莉現在可以說是「為君沸騰」！

現在，兩人擁抱了，他們更進一步的縮短了距離，使得湯姆、瑪莉與湯瑪莉幾乎重疊到同一個位置。湯姆與瑪莉可以感覺到湯瑪莉在他們中間——而他們想要更為接近——名副其實的要跟湯瑪莉融而為一。在實質上成為湯瑪莉。

我在雌雄的身體上創造了可以做如此融合的管道。在此刻，湯姆與瑪莉的身體已準備就緒。現在，湯姆的身體已名副其實的準備好要進入瑪莉的體內。瑪莉的身體已名副其實的準備好要接受湯姆進入她的體內。

那顫抖，那燃燒，現在已不止於濃烈了。它是……無可描述的。兩個身體結合在一起。湯姆、瑪莉與湯瑪莉合而為一。肉身結合。

能量仍舊在他們之間流動，急切的，熱烈的。

他們喘息，他們翻騰。他們要對方要得不夠，他們離對方不夠近。他們力圖更為接近，接近，更接近。

他們爆炸了——名副其實的——他們整個身體痙攣。那震動一直將漣漪送到他們的指尖。在他們的融合爆炸中，他們領略了什麼是神與女神，什麼是最始與最終，什麼是全有與全無——生命之本質——親身體驗到那本然（That Which Is）。

也有實質的化學變化發生，兩個人真的變成了一個——一個第三單元往往由這兩者創造出來，成為實質的存在。

一個實質的湯瑪莉被創造出來，他們的肉中肉，他們的血中血。

他們名副其實的創造出生命！

我不是說過你們是神嗎？

這是關於人類性生活我所聽過最美的描述。

你們在想要看到美的地方看到美。你們在懼怕看到美的地方看到醜。

讓人驚奇的是，有那麼多人在我剛剛說的事情上看到醜。

不應那樣。我已看過世人把多少的恐懼與醜陋加在性上。但你仍留了一大堆問題。

我正準備回答。不過，在你把它們拋回給我之前，請允許我再多描述一些。

當然。請。

我剛剛描述的……這舞蹈，我所解釋的這能量的交織，是隨時都在發生的——在一切事物之內，隨一切事物並存。

你們的能量——如金色的光一般放射著——不斷的與每一個人、每一個事物互相交織。相距越近，能量越強。相距越遠，則越為幽微。然而你們永不曾跟任何事物全不相連過。

在你們與任何其他的人、地或物之間皆有一點，在此點，兩者的能量相遇，形成第三個能量單元；雖然可能很淡，卻不失其真實性。

地球上和宇宙中的每一人、每一物，都在向每一個方向發射能量。此能量與所有其他能量互融、互織、互動，其複雜模式遠非你們最佳的電腦所能分析的。

在你們所稱為實質之物中的能量交織、交融和交互作用，乃是使你們的物質體凝聚在一起的原因。

這即是我說的網絡。是透過這網絡，你們互送訊息——消息、意涵、治療與其他實質效應。這些，有時是由個體所創造，但大部分是由集體意識。

這無以數計的能量，如我之前所解釋，互相吸引。這稱之為萬有引力定律。依此定律，同類相吸。

同類透過網絡相吸——當相似的能量「累積」得夠多，它們的震動變得較為沉重，緩慢下來——有些就變為物質。

思想或意念真的創造物質體——而當許多人想著同樣的事，就很可能鑄成事實。

（這乃是「我們為你祈禱」何以會成為那麼有力量的話。眾人一致祈禱而產生的效力，有足夠的實例可以寫成一本書。）

與祈禱相反的思想或意念也會造成效果。比如，全球性的恐懼、憤怒、匱乏或無能為力之感，也可以創造出這種經驗——掃遍全球，或橫掃這類集體意識最強烈的區域。

比如，你們稱之為美國的這個地球國家，久來認為自己是一個「在神之下不可分的國家，一切人皆得自由與公正」。這個國家之所以成為最強盛的國家並非偶然。而它之逐漸喪失它那麼辛勤創造的一切，也並不令人吃驚——因為這個國家似乎已經喪失了它的理想。

「在神之下不可分」一語，意思正是如此——表示了宇宙一體的真相：一個非常難以摧毀的網絡。但這網絡卻已被削弱。宗教自由業已變成了宗教的自是，到達不容異己的程度。由於個人的責任感已經消失，個人的自由因之成為泡影。

個人的責任感觀念業已被扭曲為「人人只為自己」。這種新的哲學，自以為傾聽著的是美國早期粗蠻的個人主義傳統。

但美國的理想與夢想所賴以為基的個人責任感，其最崇高與最深沉的意義，卻是兄弟愛。美國之所以偉大，並非由於人人都致力於為自己求生，而是由於人人都願為一切人的生存而負起個人責任。

美國是一個不會轉頭不顧饑饉、對需要的人說不的國家，它會對疲憊與無家可歸的人敞開懷抱，它會跟全世界分享富饒。

然則隨著美國變得偉大之際，美國人也變得貪婪。並非所有人，但為數不少，而且逐日增加。

由於美國人知道了富有是多麼美好，因之便想更為富有。然則能讓某些人擁有越來越多、越來越多的方式只有一種。那就是另一些人擁有得越來越少、越來越少。

隨著美國人的性格由偉大轉為貪婪，對弱小者的悲憫之情，也越來越無容身之地。那處境艱苦的人被人說成是「咎由自取」。因為，美國不是機會之地嗎？但除了那處境艱苦的人，沒有人承認美國的機會是制度化的留給那處境優渥的人的。一般說來，優渥的處境卻不把許多少數族群包括在內——如某些膚色或性別。

美國人在國際上也以傲慢著稱。全球上百萬人死於饑饉，美國人卻日日拋棄足以餵飽多國人民的食物。沒錯，美國對某些國家慷慨，但她的外交政策日漸以擴張其既得利益為張本。美國是在有利於美國的情況下，才去幫助別的國家。（這是說，當有利於美國的權力結構，有利於美國最富有的精英分子，或保護此等精英分子及其集體資產的軍事機器。）

美國的開國理想——兄弟愛——業已被腐蝕。現在，任何「做你兄弟的守護者」的言論，都會被一種新美國主義嗤之以鼻——一種如何把持住自己的所有之物的精明心計，一種對待處境艱困者的精明言詞——使得任何想要匡正其劣勢遭遇、敢於追求公正的人無詞以對。

人人都必須為自己負責，這當然無可否認是對的。但美國——和你們的世界——卻只在人人都願意為所有的人均為一個整體而負責，才得真正運作。

所以，集體意識會產生集體後果。

完全正確——而這自從你們有紀錄的歷史以來，已經一而再、再而三的證明過。那網絡將自己吸入它自己——正像你們的科學家對所謂黑洞現象的描述。它將同類的能量拉向同類的能量，甚至會把物質體互相拉近。

這些物質體於是必須互相排斥——移開——不然就會永遠融合在一起，失去現在的形象，而變為一種新的形象。

一切有意識的存在體，都本能上知道這種情況，因此，所有有意識的存在體都移開這永遠的融合，以便維持跟所有其他存在體的關係。若非如此，則他們就會融入所有其他的存在體中，而體驗到那永遠的一體狀態。

而這就是我們所來自的狀態。

在移開這種狀態之後，我們又不斷的被重新吸向它。

這種潮漲潮退，這種「往返」運動乃是宇宙的基本韻律，宇宙中的一切亦皆如此。這就是性——協同能量交換。

你們不斷被吸引，被促使與另一人結合（並與網絡中所有一切結合）後，在合一的剎那，由有意識的選擇，而脫離那結合體。你們選擇自由，以便可以體驗那結合。因為，一旦你們變成一體的一部分，並留在那裡，你們就不能知其為一體，因為你們不再知道什麼是分離。

換一種方式說：神為知其自身為一切，它必須知其自身為不是一切。

在你們之中——在宇宙間所有其他能量單元中——神知其自身為一切之各個部分——而因之給其自身以可能性，使其自身在其自己之經驗中，知其自身為一切中之一切。

我只能在體驗我不是什麼中，體驗我是什麼。然則我又是我所不是的——在此你可看出這神聖的二分法。因之有言：我是我所是（I Am that I Am.）。

如我所說，這潮起潮落，這宇宙的自然韻律，規範了一切有生之物——包括在你的實況中創造生命的種種運動。

你們被促使互相接近，猶如被某種急切的力量所推，只為了再被拉開，又只為再次接近，又只為再度被拉開，而後又如飢如渴的熱切尋求完全的結合。

合——分，合——分，合——分，你們的身體如此舞蹈，其動作是如此根本，如此本能，以致你們殊少有意識的覺察到刻意的行動。在某一階段，你們轉為自動。無需有人告訴你的身體該做什麼。它們只是去做了——帶著一切生之渴望。

這乃是生命本身，表現為生命本身。

這乃是生命本身在其自己經驗的懷抱中製造新的生命。

一切生命（生命中的一切）都以此韻律在運作了一切生命皆是此韻律。是以，一切生命都浸染神的此種溫柔韻律——這即是你們所說的生生不息之循環。食物以此循環而生成。季節來，季節去。行星自轉與公轉。恆星爆炸又凝聚，復又爆炸。宇宙呼，宇宙吸。這一切的一切，是以循環，以韻律，以震動在發生，配合神或女神——即一切——的頻率。

因為神是一切，女神是萬有，此外別無其他；而凡曾存在的，現在存在，亦將永遠存在——這乃是你們永無終止的世界。

阿門。

8 享受一切，一無所需

有趣的是，跟你談話，留給我的問題總是比答案多。現在我又要像問性方面的問題一樣來問政治方面的問題了。

有人說，它們是同樣的東西，你們在政治方面的所作所為不過是——

等等！你不是要說不可告人吧！

嗯，好吧，我是會讓你們吃驚一點的。

嗨！嗨！慢著！神不是應當這樣講話吧！

那你們為什麼這樣講話？

我們大部分人不這樣講。

見你們的鬼。

那些敬畏神的人不這樣說！

哦，我明白。你們為了不冒犯他，只得敬畏他。

而誰又說我僅僅會為了一句話而被冒犯呢？

而且，你們用以形容那了不起的性經驗的話，竟同樣拿來用以形容最大的污穢，這不是奇怪得不得了嗎？這不是活生生可以看出來，你們對於性究竟抱持什麼態度嗎？

我想你有點搞混了。我不認為大家在用這個用詞時，所指的是真正美妙、浪漫的性生活。

哦，真的嗎？你最近曾經在任何臥房裡待過嗎？

沒有。你呢？

我所有時間都待在所有的臥房裡。

好得很。這倒應當讓我們覺得自在些！

什麼？你是說，你們在臥房裡做的事，不會在神的面前做？

任何人看著，大部分人都會覺得不自在，何況是神。

然而，在某些社會中——原住民社會、波利尼西亞人——做愛是十分公開的。

是啦。好吧。大部分人還沒有進化到這麼自由的程度。事實上，他們會認為那樣的行為是一種退化——退化到原始的、異教徒的狀態。

這些你們稱之為「異教徒」的人，卻對生命有深厚的尊重。他們從來不知道什麼是強暴，而他們的社會中，實際上沒有殺人這回事。你們的社會把性——這種非常自然、非常正常的人性功能——置於掩藏之下，轉身卻公開殺人。這才是不可告人！

你們把性弄得這麼猥褻，這麼可恥，這麼不可告人，以至於你們做起來尷尬！

沒那回事。大部分人只不過對性的得體與否有不同的——甚至可說較高等的——看法而已。他們認為性是私密的相互關係，有些人則認為是他們關係中的神聖部分。

缺乏私密性並不等於缺乏神聖性。人類大部分的神聖儀式是公開舉行的。不要把私密性和神聖性混為一談。你們大部分最壞的行為都是私下進行的，你們只把最漂亮的行為公開展示。

我這不是在為公開的性行為做辯護，而只是在提醒：私密並不必然等於神聖——公開也不剝奪神聖。

至於「得體」與否，單就這兩個字和其隱含的行為概念，就比任何人為的構想更能限制人的最大歡樂——除非是「神的懲罰」這個概念，因為後者使這種限制大竟其功。

顯然你是不相信「得體」與否這回事的。

麻煩就在「得體」必須有人設定標準。這自動意謂你們的行為受著別人觀念的限制、主導與指令——是別人認為你們什麼事應當歡樂，什麼事不應當歡樂。

在性方面——就像所有其他方面——這就不僅是「限制」；它可以變得有摧毀性。男人或女人想要有某種經驗，卻因為想到他們所夢寐以求的、所痴所渴的事情會「違背禮教」而縮手——沒有任何事情比想到這個更令我悲哀。

告訴你，那並不是什麼他們不想做的事——只是違背了「禮教」的事！

不僅性方面如此，而是生活中的一切——永遠、永遠、永遠不要因為它只是違背了什麼別人立下的禮教標準而不做。

如果我的汽車保險桿上有貼紙，我要這麼寫：

反禮教

每一個臥房裡，我都要放這樣一個標語。

但是我們的「對」「錯」觀念，卻是把我們結合在一起的東西。如果我們在這方面沒有協議，怎麼可以共存呢？

「禮教」跟你們的「對」「錯」價值觀沒有關係。你們都認為殺人是「錯」的，但在雨中裸奔是「錯」的嗎？你們都認為朋友妻不可「騎」，可是，「騎」自己之妻——或讓自己之妻「騎」你，騎得美美妙妙——這有什麼不得體？

「得體」很少涉及法律範圍，那涉及的往往都是「禮教」問題。

而「得體」的行為卻往往並非你們稱為「最有趣」的行為，它極少是讓你們感到最歡樂的行為。

回到性方面。那麼，你是說，只要參與者和受影響者全都同意，那麼任何行為都是可以接受的。

生活中的一切不都應該是這樣嗎？

可是有時候我們不曉得誰會受影響，或如何——

你們必須在這方面敏感，你們必須敏銳覺察。凡是你們不真正知道、不能猜到的，在愛方面，你們就會犯錯。

任何決定的中心問題都是：「現在，愛會怎麼做？」

愛自己，愛一切參與者和受影響者。

如果你愛別人，你就不會去做你認為對那人有傷害的任何事情。如果還有任何疑問，你就會等，等到弄清楚。

但這意謂別人可以把你當「人質」。他們需要做的，只是說某某事會「傷害」他們，於是你的行為就受到限制。

只被你自己限制。你是否願意只做那不傷害你愛的人的行為？

但是，如果你因不做某些事而感到傷害自己呢？

那你就必須告訴你愛的人實情——你因不做某事而感到受傷、受挫、受損；你想要做這件事；你想要你所愛的人同意你去做。

你必須努力去求得同意。致力於達成妥協，尋求一個人人都得勝的辦法。

如果找不到這樣的辦法呢？

那就重複我以前所說的：
為不背叛他人
而背叛自己
終是背叛。
那是最大的背叛。
你們的莎士比亞曾以另一個方式說過：
對自己真實
你便不可能
對任何人不真實，
猶如夜之隨晝。

但那只隨自己意願的人，會變成非常自私的人。我不相信你在鼓吹這個。

你們認為人總是會做你們所謂的「自私選擇」。但我告訴你們：人是能夠做最高選擇的。
不過我也要告訴你們：
最高的選擇並不總是那看似有益於他人的選擇。

換句話說，有時候我們必須把自己擺在第一位。

哦，你們永遠都應把自己擺在第一位！然後，依你們想要做什麼——或想要經驗什麼——而做選擇。

當你們的目的——人生的目的——很高，你們的選擇也就會高。

把自己擺在第一位，並不意謂你們所謂的「自私」——而是意謂自覺。

有關人類行為的基礎，你倒是設得很寬。

只有透過最大的自由才能得到——或可能得到——最大的成長。

如果你們行為舉止都在遵從別人的規矩，則你們不是成長，而是遵從。

和你們的構想不同，我要求你們的不是遵從。遵從不是成長，而我要的卻是成長。

如果我們不「成長」，你就把我們丟進地獄，是嗎？

錯。這我已在第一部中說過，第三部中會再細說。

好吧。那麼，在你立下這寬廣的參數範圍內，我可不可以在我們告別性的題材之前，再問幾種有關這方面的問題？

放言吧！

性既然是人性經驗中那麼奇妙的部分，那為什麼有那麼多精神導師都在宣導禁欲？為什麼那麼多大師看起來都是過著獨身生活？

跟他們被人說成是過著單純生活同樣理由。那些進化到高層領會的人，將他們身體的欲望跟心智與靈魂取得平衡。

你們是三部分生物，而大部分人卻只體驗到自己是一個肉體。在三十歲以後，他們連心智也遺忘了。沒有人再閱讀。沒有人再寫。沒有人再教。沒有人再學。心智被遺忘了。它沒有被滋養。它不再擴充。沒有新的輸入。輸出微乎其微。心智沒有被餵養。它沒有被喚醒。它被哄騙，變得呆鈍。你們用盡一切辦法擺脫它。電視、電影、廉價書刊。不管做什麼，都是不要想、不要想、不要想！

所以，大部分人是活在肉體層次。餵養肉體，給它穿衣服，給它「材料」。大部分人經年不讀一本書——我是說可以讓他們學到一些東西的書。但是整個星期的電視節目，他們卻可以如數家珍。這確實是讓人很為之悲哀的。

實情是：大部分人並不要思考。他們選舉領袖，支持政府，選擇教會，都是以不需他們獨立思考為指標。

「讓我輕鬆。告訴我要做什麼。」

大部分人要的是這個。我坐在哪裡？我什麼時候站起來？我怎麼敬禮？我什麼時候付款？你想要我怎麼做？

規矩是什麼？我的界線在哪裡？告訴我，告訴我，告訴我！我會做——只要有人告訴我！然後，他們又倒胃口了，幻滅了。他們遵從一切規矩，他們做一切人家叫他們去做的事：錯在哪裡？什麼時候變味了？為什麼崩潰？

在你放棄你的心智的那一刻，它就崩潰了——你的心智，乃是你最偉大的創作工具。是該跟你的心智再做朋友的時候了。跟它做伴——它感到如此寂寞。做它的滋養者——它是如此飢餓。

你們有些人——為數甚少的一批——明白你們有身體，又有心智。這些人善待了他們的心智。不過，即使這些推崇心智和心智事務的人，也殊少運用他們心智能力的十分之一。如果你們知道自己的心智能力是何等之大，就絕不會不再參與它奇妙的運作。

若說那能為身體與心智取得平衡的人為數甚少，則明白你們是三合一——身體、心智與靈魂——的人，則少之又少了。

你們真的是三合一的生命。你們不只是一個身體，也不只是一個有心智的身體。

你滋養靈魂嗎？甚至你曾注意它嗎？你治癒它，還是傷害它？你是成長，還是萎縮？你是擴展，還是收縮？

你的靈魂是否像你的心智一樣寂寞？它是否被忽視得更嚴重？你上次感覺到靈魂有所表達是在什麼時候？你上次喜極而泣是在什麼時候？你寫詩嗎？作曲嗎？在雨中舞蹈嗎？烤過餅嗎？曾經畫過任何東西嗎？修復過破了的東西嗎？親過嬰兒嗎？在日出之際漫步過嗎？吹口

琴嗎？聊天直至天亮過嗎？在海邊、在樹林……做愛一連幾個小時嗎？與自然交談嗎？尋求神嗎？

你上次什麼時候獨自默坐？航向你生命至深之處？你上次什麼時候跟你的靈魂說「哈囉」？

當你以單面生物來生活，你就會深深的陷入身體的事務中：錢、性、權力、占有、肉體的刺激與滿足、安全、名譽、經濟利益。

當你以雙面生物來生活，你的關懷面就會擴大，把心智的事務包含在內：情誼、創造、新思想、新觀念的激發、新目標、新挑戰的產生、個人的成長。

當你以三合一的生物來生活時，你終於跟自己取得平衡。你的關懷包括了靈魂的事務、精神的認同、生活的目的、與神的關係、演化之路，精神的成長、終極目的。

隨著你們進化到更高更高的意識狀態，你們也會把你們的每一個面向充分實現。

然而演化並不意謂厚此薄彼，特別寵惠本我的某些面向，而把另一些面向放下。它只意謂擴大焦點；不再專注於一個面向，而是真愛與珍惜所有的面向。

那為什麼有那麼多導師完全禁絕性生活呢？

因為他們不相信人類可以達到平衡。他們認為，性的能量以及圍繞著其他世俗經驗的能量太強大了，無法溫馴，無法納入平衡。他們以為禁欲是唯一的精神進化之道，而不是精神進化的可能結果之一。

然而是否有些高度進化了的人真的「放棄了性」？

不是古典意義的「放棄」。那不是強迫你放棄你仍舊想要、但又知道「不好」的東西。那只是放手而已，一個轉身的動作——就像對飯後的第二道點心。並不是點心不好，甚至不是對你而言已經不好。而只是，儘管它還那麼美好，你卻已經夠了。

當你是以此原因而放下你跟性的關係，你就可以想要如此。不過，你也可以不想要如此。你可以永不認定你已「要夠」了這種經驗，你可以永遠要這種經驗，而與你生存的其他經驗維持平衡。

這很好。性方面活躍的人，並不比性方面不活躍的人更沒有資格開悟和精神進化。開悟和精神進化真正導致你放下的，是對性的耽溺——你對這種經驗的深切需求，你的驅迫性的行為。

同樣，你對金錢、權勢、安全感、占有物，和肉體的其他經驗的執著也會消失。但對所有這些事物的真誠賞識與珍惜卻不會消失。也不應消失。對生命中一切事物的賞識與珍惜，乃是對我所創造的歷程之尊崇。鄙棄生命或任何喜悅——即使是最基本、最物質的部分——都是對我——這創造者——的鄙棄。

因為，當你稱我的造物為不神聖時，那你怎麼稱呼我？然則當你稱我的造物為神聖時，你就祝聖了你對它的經驗，也祝聖了我。

我告訴你們：我沒有創造任何可以鄙棄的東西——而正如你們的莎士比亞所說：只要你們

的意念不使之邪惡，就沒有任何東西是「邪惡」的。

這讓我想到關於性的方面幾個最後的問題。成人之間只要互相同意，任何的性關係都沒有什麼不可的？

對。

我是說，即使是「變態」的性關係？甚至沒有愛情的性關係？甚至男同性戀的性關係？

首先我們要再度說明，沒有任何事是神不贊成的。

我並非坐在這裡審判，稱某種行為為善，另一種行為為惡。

（你們知道，我在第一部中已經把這一點做過相當詳盡的解說。）

在你們的進化之路上以何者對你們有益，何者對你們無益而言，只有你自己可以做決定。

不過大的方針還是有的，這是大部分已進化的靈魂所同意的。

凡是傷害他人的行為，不會導致快速進化。

還有另一個大方針：

凡是涉及他人的行為，都必須獲得其同意或允許，才可實行。

現在，在此大方針之下，讓我們看看你剛剛提的問題。

「變態」的性關係？好，如果它不傷及任何人，如果參與者都允許，則又有什麼理由說它

「錯」呢？

無愛的性？從有史以來，大家就在為「為性而性」做爭論。每次我聽到這個問題，我都會想有一天走進滿屋子的人中，說：「如果有人從來沒有過深情以外的性生活，請舉手。」

我要說的是：無愛的任何事情，都不是通往女神的捷徑。

不管是無愛的性，或無愛的麵條和肉丸，如果你準備時沒有愛，取用時沒有愛，你都會失去其最精華的部分。

失去這個是錯的嗎？「錯」仍是不適用的字眼。「無益」比較接近，因為你想要盡快的進化到更高層次。

男同性戀的性關係？那麼多人想要叫我說反對男同戀的性關係，或與之劃清界線。不過我不做審判，不論是這件事，還是你們的其他選擇。

大家總是對每樣事物做價值判斷，而拉我與他們分贓。這審判我一律不參加。那些聲明以我為此審判之源頭的人，聽我這樣說，會特別覺得不愉快。

有件事情我是明白的：不同種族的人結婚曾被人認為違背神的律法。（令人吃驚的是，到現在仍舊有人這麼想。）他們以《聖經》為權威——到現在又在同性戀的問題上，指《聖經》為他們的權威。

你是說不同種族的人結婚沒問題？

這個問題本身就是荒謬的——卻不如那些堅持說它有問題的人荒謬。

關於同性戀方面的問題，是否也同樣荒謬？

你們自己決定。關於這件事——或任何事——我都不做審判。我知道你們想叫我做審判，這會讓你們好過些，不用自己做決定，不需艱苦奮鬥。樣樣事人家都為你們決定，除了服從以外什麼都不用做。這不怎麼像人生——至少以創造性或自我充實而言是如此。只不過是過著優渥的生活……也沒有壓力。

讓我問一些關於性和孩子的問題。什麼年齡適合讓孩子覺察到性是人生經驗的一部分呢？

孩子從生命的開始，就覺察到自己是有性別的生物——也就是說，覺察到自己是人類。你們星球上的許多父母現在所做的，卻是試圖叫他們不要覺察到這一點。如果幼兒的手摸「錯」了位置，你們就把它拿開。如果一個小孩開始以純潔的歡樂在自己身上找到了樂趣，你們就驚恐不已，並把這驚恐傳給小孩。小孩就會懷疑：我做了什麼？我做了什麼？媽媽生氣了，我做了什麼？

就你們這個物種而言，問題不在何時把性引介給你們的孩子，而在何時不再要求孩子否定他們生而為有性的生命。在孩子十二到十七歲時，你們大部分就放棄了這種有害的鬥爭，等於說（當然，你們不會明說，因為你們是不說這類事情的）：「好吧，現在你們注意到你們有性的部分了，注意到這些部分可以做性方面的事了。」

然而到了這個階段，傷害已經造成。你們已經花了十年以上的時間，向孩子顯示他們身體的那些部分是可恥的。有些孩子從來就沒被人告知過，他們的那些部分叫什麼名字。你們大人竭盡所能發明替代用詞——如「屁屁」「腿腿」「妹妹」「弟弟」等等——就是不直指其名：「屌」或「屄」，「陽具」或「陰道」。

你們的孩子由於從小就明白跟身體這些部分有關的一切都是不能說的，必須躲躲藏藏、否認的，到了青春期時，又怎麼不會不知所措呢？他們全無準備。當然，回應起他們最新、最急切的需求時，他們若不是採取完全不得當的方式，必也顯得拙笨得可憐。

這全無必要，我也不認為對你們的孩子會有任何好處——當他們步入成年，帶著一大堆性禁忌和悶葫蘆。

在啟蒙的社會中，孩子因自然的秉賦而尋得的歡樂，從不會被挫折、責備或「改正」。父母的性——也就是父母生而為有性別的生命——也無需刻意掩藏或迴避。赤裸的身體——不論是父母的、孩子的，還是兄弟姊妹的——都被視為完全自然、完全美妙、完全好的——而非任何羞恥之物。

性功能也被視為完全自然、完全美妙、完全好的。

在某些社會，父母是當著孩子的面性交的——而還有什麼事能讓孩子比這更能領會性愛的歡樂與美好呢？因為父母親時時在以思想和言行鑄造「對」與「錯」的典範，而孩子則從父母那裡時時撿拾或明顯或幽微的訊息。

如前面所說，你們可能稱這樣的社會為「異端」或「原始」，然而很明顯，在這類社會中，強暴和性騷擾之類的事，根本是不存在的，而娼妓則被認為不可思議，性禁忌與性功能失調前聞所未聞。

你們現在的社會，固然不宜推薦這種程度的公開與坦然（除了至為特殊的場合外，這種公開與坦誠一定會遭到文化污衊），但你們地球上所謂的現代文明社會，確實已是時候該採取行動來終止對性的壓抑與污衊了——凡是與性有關的一切經驗與表白，你們都往往以之為羞恥、罪惡、污穢，而加以壓抑。

你的建議呢？

從孩子最幼小的時候，就不再教導他們有關身體的自然功能是羞恥和錯誤的。不要再向你們孩子證明性方面的事是需要躲藏的。允許你們的孩子看到你們浪漫的一面。讓他們看到你們相擁相抱、觸摸與溫柔的相撫。讓他們看到父母是互愛的，而以身體表示愛意是非常自然而美妙的。（讓人吃驚的是，有多少家庭從來沒有教過這一課。）

當你們的孩子開始擁抱他們自己的性感覺、性好奇與性渴望，則想辦法讓他們這新的經驗、這初長成的經驗，與內在的喜悅和歡慶之感相連，而非與罪惡和羞恥。

看在老天的份上，不要再對小孩隱藏你們的身體。露營時，在鄉村水池中或在後院泳池中裸泳被孩子看到沒關係；從臥室到洗澡間，沒穿衣服走過，被孩子看到，不要中風；不要再瘋狂的把任何讓孩子看到你是有性別的生物的機會都關掉、蓋掉、掩藏掉。孩子會以為他們父母是無性的，因為他們父母把自己裝成那個樣子。孩子於是認為自己也必須無性，因為所有的孩子都模仿父母。（醫生會告訴你，一直到今天，有多少長大成人的孩子，都無法接受他們父母真的「做那件事」，而這使他們的孩子——現在已是醫院的病人——心中充滿憤怒、罪惡感和羞恥感，因為他們自己自然「想做」這個事，而他們搞不清楚自己究竟錯在哪裡。）

所以，要跟孩子們談性，跟孩子笑談；告訴他們，允許他們，提醒他們，並表現給他們看，性是多麼值得歡慶的事，性是多麼歡天喜地的事。這是你們可以為孩子做的事情。你們從他們生下來的第一天就開始做，從你們給他們的第一個吻、第一次擁抱、第一次觸摸，也從你們父母之間互相的給與及接受。

謝謝。多謝。我為你對這件事所說的明智之言雀躍不已。但最後還有一個問題。什麼是跟孩子討論、形容，或引介性方面事情的恰當時機呢？

當時機來的時候，你們就會知道。如果你們真正留心，真正在看、在聽，每個孩子都會把那時機表現得明明白白，不會出錯。當然，它是逐漸的。它的來到是漸進的。如果你自己已經清楚，如果你自己已經做完了你那「做不完的事」，那麼，對於孩子的性之到來，你就知道得當的時機。

我們又怎麼樣走到那一步呢？

能怎麼做就怎麼做，參加討論課、請教醫生、加入社團、看書、沉思默想、互相發現——最重要的是，再度互相發現你們是男人或女人；發現、再訪、重複、恢復你們自己的性。為此歡慶，享受它、擁有它。

享有你們自己歡悅的性，然後你們才可以允許，並鼓勵你們的孩子享受他們自己的。

再次謝謝你。現在，放開有關孩子的問題，返回人類的性這個比較大的主題，我不得不再提一個問題。也許這看似無禮，甚至躁進，不過，我不能不問這個問題，而讓這段對話結束。

好啦，不用道歉，直說就好。

好的。有沒有「太多的」性這回事？

沒有，當然沒有。但確實有「對性有太多需要」這回事。

我建議：

享受一切。

一無所需。

連人也不需要？

連人，尤其是人。需要某人其實是破壞關係最快的辦法。

但我們所有人都喜歡感到被需要。

那就叫停。轉而喜歡感到不被需要——因為你給人最大的禮物，就是讓他有能力不需要你——他不為任何事需要你。

NOTES

・當你做任何事時，都應避免貼標籤和判斷。
因為每個狀況都是一個禮物，而在每個經驗裡都隱藏著一個寶藏。

國家圖書館出版品預行編目資料

與神對話全集／尼爾·唐納·沃許（Neale Donald Walsch）著；
王季慶、孟祥森 譯. -- 初版. -- 臺北市：方智，2012.3
1120面；14.8×20.8公分 --（新時代；151）
譯自：The Complete Conversations with God
ISBN：978-986-175-260-0（全套：隨身典藏版）

1. 超心理學 2. 神

175.9 101001033

The Eurasian Publishing Group
圓神出版事業機構
用心與你對話·網野無限寬廣
方智出版社
Fine Press

http://www.booklife.com.tw inquiries@mail.eurasian.com.tw

新時代 151

與神對話II（上）

作　　者／尼爾·唐納·沃許（Neale Donald Walsch）
譯　　者／孟祥森
發 行 人／簡志忠
出 版 者／方智出版社股份有限公司
地　　址／台北市南京東路四段50號6樓之1
電　　話／（02）2579-6600·2579-8800·2570-3939
傳　　真／（02）2579-0338·2577-3220·2570-3636
郵撥帳號／13633081　方智出版社股份有限公司
總 編 輯／陳秋月
資深主編／賴良珠
責任編輯／張瑋珍
編輯協力／應佳燕
美術編輯／劉鳳剛
行銷企畫／吳幸芳·簡 琳
印務統籌／林永潔
監　　印／高榮祥
校　　對／賴良珠
排　　版／陳采淇
經 銷 商／叩應股份有限公司
法律顧問／圓神出版事業機構法律顧問　蕭雄淋律師
印　　刷／祥峯印刷廠
2012年3月　初版
2024年8月　24刷

特價：999元（定價：~~1400~~元）　ISBN 978-986-175-260-0　